「日本」 国号の由来と歴史

神野志隆光

講談社学術文庫

はじめに

日本、日本人、日本語、日本文学等々、当たり前のように、わたしたちは「日本」といい、自分たちをあらわす国の名（国号）として何ら疑わずにいる。しかし、その名がどういう意味をもつかということについて、共通の認識をもっているであろうか。小学校や中学校で、「日本」という名の意味を教えられた（あるいは、いま教えられている）であろうか。ふりかえってみれば、わたしたち全体としての、国号に関するひとつの合意（国民的合意＝ナショナル・コンセンサス）はできていないといえよう。

国歌・国旗について制度化されており、国号が「日本国」であることも確かだが、その名の意味に関してはあいまいなのである。本書第八章に述べるように、実は、近代国家において、ずっとそうなのであった。明治以来の国定教科書にも、国号を教えたものは見られないし、昭和戦前期に天皇を中心とした「国体」が強調されたときにも国号の意味が正面に押したてられることはなかった。

現在の国民的合意としてのあいまいさもそうしたところに由来をもつらしいとわか

るが、その問題はどこから来るのであろうか。「日本」の名がどのようにして生まれ、どのような歴史をたどってきたかを見渡すなかで答えを見つけるほかないであろう。

古代から変わることなく「日本」としてあり続けてきた。わたしたち自身のために、わたしたちが自己をあらわす「日本」について、それがどのような意味をもって設定されたのか（古代の「日本」）、どのような歴史をたどってきたのか（歴史のなかの「日本」）ということについて、きちんと見届けることがもとめられる。

本書は、そうした国号「日本」の来歴について考えようとしたものである。結論をさきどりしていえば、生き続けてきた「日本」として、そこに託された意味がその時々に生きあらたまってきたことを見なければならない。「日本」の名には、自分たちが何であるかということをこめた（アイデンティティーの問題にほかならない）、大事な歴史（来歴）がある。本書は、「日本」の登場からその変奏をたどることによって、そのことを明らかにしたい。

目次

「日本」国号の由来と歴史

第一章 「日本」の登場

1 「倭」から「日本」へ

隋代までは「倭」

「日本」という名ははじめからあったのではなかった。有名なヒミコのことが載せられている中国の古代文献、『魏志』倭人伝（三国時代〈二二〇—二六五年〉の歴史を扱ったのが『三国志』で、その魏の部分に東夷伝として「倭」のことが載る）などに見るように、日本列島の国家は、はじめは、「倭」と呼ばれてあらわれる。それが、「日本」と呼びあらためられたのである。

いつ「日本」となったのか。中国の正史のなかでは、後漢（二五—二二〇年）の歴史を記した『後漢書《ごかんじょ》』にはじめて「倭」の伝が立てられてから、隋（五八一—六一八年）の歴史を述べる『隋書《ずいしょ》』にいたるまで、ずっと「倭」（「倭人」「倭国」）であった。

「倭」と呼ばれ、中国王朝から「倭王」に任じられていたのである。中国王朝が王として認めて領土を保障するのであり、封建制の延長としてこうしたやりかたをとったので、冊封《さくほう》体制といわれる。

たとえば、ヒミコは「親魏倭王」に任じられた（『魏志』倭人伝）。そのしるしとして金印を授けられたが、朝貢に際しては、その印を使用した国書を携行しなければならなかった。一世紀から五世紀まで、そうした冊封の体制に「倭」は組み込まれていた。そこでは、「倭」は、中国から呼ばれた名というだけでなく、自分たち自身もそう称するというものなのである。

七世紀の隋との関係においては、冊封を受けることはもうなかったが、「倭」と称することは同じであった。隋の文帝の開皇二十年（六〇〇）の遣隋使（この遣隋使のことは『日本書紀』には記されていない）は、文帝が風俗を尋ねさせたのに答えて、「倭王は天を以て兄となし、日を以て弟となす。云々」といったとある（『隋書』倭国伝）。推古天皇十五年（六〇七）のときに、隋への国書に「日出《ひい》づる処《ところ》の天子」と自称したというが、これは隋の皇帝煬帝の怒りを買っただけであった（『隋書』倭国伝)。その翌年の隋使裴世清《はいせいせい》のもたらした書には「皇帝、倭皇を問ふ」とあった(『日本書紀』)。「倭皇」は「倭王」とあったのを書き換えたのであろうといわれる。また、それに対する隋への国書に「東の天皇」と称したというが(『日本書紀』)、「天皇」というのは、あとから書き換えられたものと見られる。すくなくとも、隋の側は「倭」「倭王」以外は認めていなかった。

唐代の転換

中国の正史を見てくると、『唐書《とうじょ》』で、「日本」へと変わり(唐の歴史を記した『唐書』には新旧二種があるが、『旧唐書《くとうじょ》』には、「倭国日本」と並称し、『新唐書《しんとうじょ》』は「日本」とする)、それ以後は「日本」となる。唐の時代に「日本」として登場することとなったと見られるのである。

具体的にいえば、大宝二年(七〇二)の遣唐使が、その転機をになった。『唐暦《とうりゃく》』によって、その事情がうかがわれる。

新旧『唐書』は後代(五代、宋)のものであり、唐代に成立した『唐暦』(撰者柳芳は開元〈七一三―七四一年〉末の進士)のほうがたしかである。この書は、編年体で唐代前半のことを記したものだが、いまうしなわれて伝存しない。ただ、『日本国《にほんこく》見在書目録《げんざいしよもくろく》』（藤原佐世《すけよ》撰。九世紀末に作られた、当時わが国に現存した漢籍の目録）に、「唐暦四十巻　柳芳撰」とあって、日本に伝えられていたことが確かであり、諸書に引用されている。そして、平安時代に行われた、朝廷主宰の『日本書紀』の講読（講書という）にかかわって生まれたテキストである「日本書紀私記《にほんしよきしき》」（以下、単に「私記」という。講書や「私記」については本書第四章で詳しく述べる）のなかに引用されたものには、次のようにある――この「私記」は、鎌倉時代に成った『釈日本紀《しやくにほんぎ》』（一二七四年以後の成立で、卜部兼方《うらべかねかた》がいくつかの「私記」を切り張りして編集した、『日本書紀』の注釈書）に引用されたものである――。

唐暦に云ふ。此の歳、日本国、その大臣朝臣真人《あそんまひと》を遣はして、方物を貢す。日本国は、倭国の別名なり。朝臣真人は、なほ中国の地官尚書のごとし。すこぶる経史を読み、容止温雅なり。朝廷これを異とし、司膳員外郎《しぜんいんがいらう》に拝す。

大意は、「唐暦にいうところ、この年〈七〇二〉、日本国が、大臣の朝臣真人を遣わして、国の産物をたてまつった。日本国とは倭国の別名である。朝臣真人とは中国の地官尚書〈戸部尚書〉のような官である。この人は経書や史書をとてもよく読み、ふるまいはおだやかで雅びていた。朝廷はこれをめでて、司膳員外郎を授けた」となる。

大宝の遣唐大使粟田《あわた》朝臣真人が唐の朝廷で賞讃を受けたというのであるが、このときに（ちなみにこのときの一行のなかに万葉歌人山上憶良がいた）、「倭国」にかわって、確かに「日本国」と呼ばれたのだと認められる。『旧唐書』にも、本紀六（則天武后）に、長安二年十月、日本国が使を遣わしてその産物をたてまつったとあり、東夷伝には、使いの「大臣朝臣真人」について、『唐暦』と似た記述がある（ただし、東夷伝には長安三年のこととするが、二年のことと考えてよい）。

則天武后による「日本」の承認

この時代、唐は、則天武后のもとにあって、国号も「周」と称していたが（周と称したのは、六九〇—七〇五年）、「日本」が武后によって認められたことについては、別な資料からも裏付けられる。

『史記』の注釈書『史記正義』がそれである。『史記』五帝本紀第一の「東は、長、鳥夷」、夏本紀第二の「鳥夷草服」（「鳥夷」は「島夷」というのとおなじ）についてそれぞれ注をつけ、島に居をなし、百余りの小国から成るところの「倭国」のことだとし、「案ずるに、武后、倭国を改めて日本国と為す」（五帝本紀）、「倭国は、武皇后、改めて日本国と曰ふ」（夏本紀）というのである。『史記正義』は、唐の張守節の撰、開元二十四年（七三六）に成った。武后とほぼ同時代といっていいくらいに近いときの、信じられる証言ということになる。武后が「日本国」に改めたといい、改称が、あくまで唐側が主体となってなされたものであるかのようにいうわけだが、ここで「日本」となったという事態はあきらかであろう。

中国で発見された「井真成」の墓誌。「国号日本」とある

二〇〇四年に中国で発見された、遣唐使として渡ってそのまま唐にとどまり開元二十二年（七三四）に亡くなった「井真成」の墓誌に、「国号日本」とあるのも、このことをたしかに裏付けてくれる。

こう見れば、『旧唐書』は、長安二年に「日本」となったということに即して、ここから「日本国」とし、以前を「倭国」として載せるのであった。そういう認識があって、全体を「日本」としないのであり、その態度は明快といえる。

粟田真人の報告

慶雲元年（七〇四）七月に帰国した粟田真人の報告も見ておこう。『続日本紀』七月朔条に、「正四位下粟田朝臣真人、唐国より至る」と記し、続いてこうある（新日本古典文学大系本による）。

初め、唐に至りし時、人有り、来りて問ひて曰はく、「何処の使人ぞ」といふ。答へて曰はく、「日本国の使なり」といふ。我が使、反りて問ひて曰はく、「此は是れ何の州の界ぞ」といふ。答へて曰はく、「是は大周楚州塩城県《たいしうそしうえんじようけん》の界なり」といふ。更に問はく、「先には是れ大唐、今は大周と称《なづ》く。国号、何に縁《よ》りてか改め称くる」ととふ。答へて曰はく、「永淳二年、天皇太帝崩じたまひき。皇太后位に登り、称《な》を聖神皇帝と号《い》ひ、国を大周と号《なづ》けり」といふ。問答略《ほぼ》了《をは》りて、唐の人我が使に謂《い》ひて曰はく、「亟《しばしば》聞かく、「海の東に大倭国有り。これを君子国と謂ふ。人民豊楽にして、礼義敦《あつ》く行はる」ときく。今使人を看るに、儀容《ぎよう》大《はなは》だ浄し。豈信《あにまこと》ならずや」といふ。語畢《をは》りて去りき。

語られたのは、こういう事情だった。はじめ唐に着いたとき、「どこの国からの使いか」と尋ねられた。「日本国の使いである」と答え、こちらからここはどの州の管内かと尋ねたところ、「ここは大周楚州の塩城県の地である」という。以前には大唐であったのに、今は大周というのはどうしてかと問うたところ、皇太后（則天武后）が即位して、聖神皇帝と称し、国号を大周としたということであった。問答がおわって、唐の役人は、「海の東に大倭国がある、その国を君子国といい、人民は豊かで楽しんでおり、礼儀もあつくおこなわれている、と聞いていたが、今、使いの人を見ると、よく礼にかなったかたちを整えており、信じないわけにはいかない」と言った。「日本国」の使いとして、役をはたしたこととともに、唐の国号が「大周」となっていたということを報告するものである。唐の現地の役人のことばは、「日本国」を、いままで「倭（大倭）」として聞いている国だと承知したということを示すものである。

こうして、大宝の遣唐使が「日本国」を名乗り、武后がそれを承認して以後、「日本」となったということがたしかめられる。朝貢国であったから、自分たちが勝手に決めたということではすまない。中国側が認めてはじめて有効なのである。

当然、「日本」への変更について説明がもとめられたであろう。粟田真人がどう説明したのかはさだかでないが、新旧の『唐書』を見ると、すっきりとしたものではなかったらしい。

新旧『唐書』

A日本国は、倭国の別種なり。その国日辺《にっぺん》に在るを以ての故に、日本を以て名となす。あるいは曰はく、倭国自らその名の雅ならざるを悪《にく》み、改めて日本となす、と。あるいは云ふ、日本はもと小国なれども、倭国の地を併せたり、と。（『旧唐書』）

B後稍《のちやうや》く夏《か》の音を習ひて倭の名を悪み、更《あらた》めて日本と号《なづ》く。使者自ら言ふ、国、日の出るところに近ければ、以て名となす、と。あるいは云ふ、日本は小国にして、倭の幷《あは》すところとなるが故にその号を冒《をか》す、と。（『新唐書』）

「日本」がどういう意味をもつ称かということに関しては、日のあるところ（A）、ないし、日の出る地に近い（B）というので一致している。そういうものとして認めたということであろう。そして、なぜ変更するかについては、「倭」の名を嫌ったという（A、Bとも）。それは「倭」の意味を持ち出したということであろう。また、代える理由づけとして、もとより「日本」もあったという。「倭」を併合したのが「日本」だというのと（A）、「倭」に併合されたのが「日本」だというのと（B）では、逆になるが、もとからあった「日本」というのは同じである。「倭」の名をどうして代えるのか、日本側のやや苦しい説明がうかがわれる。

日の出る地に近いという名義の説明も、「本」という漢字の意味（木の根元がもともとの意味）を考えると、「日」と「本」とが結びついたとき、どうしてその意味になるか。「倭」の意味にしても、どういう諒解がそこにあったのかと問う必要があるが、このことはまた後（第二章）で述べる。

中国側の資料からは、大宝の遣唐使によって「日本」となったということが確かめられた。ただし、変更の設定は、「日本」側の問題として見なくてはならない。

2 「日本天皇」と「日本」

大宝令と「日本」

「日本」を定めることは、大宝令の公式令においてなされたと認められる。

遣唐使粟田真人の任命は大宝元年（七〇一）正月（大宝と元号が定められたのは三月二十一日だから、正確には文武天皇の五年正月）二十三日のことであった。『続日本紀』三月二十一日の条に、元号を建てたことは、新令の官位・衣服の施行と一体のものとして述べられる。元号は、それ以前にもなかったのではないが（『日本書紀』によれば、孝徳天皇代に大化・白雉、天武天皇代に朱鳥があった）、単発的であり、大宝以後一貫して定着するのである。元号は天皇のもとに世界が自律的に運行されていることの証である。井上光貞の説くように（日本思想大系『律令』解説、岩波書店、一九七六年）、前年の文武四年三月以前に令の編纂はおわり、同年六月に編纂者への賜録があったのをうけての、この建元は、官位・衣服の施行とあわせて新令施行の晴れの儀となったと見られる。新しい時代がここからはじまることがはっきりと示されたのである。

「日本」も、この大宝令で定められた。その新令の完成を受けて、粟田真人は「日本国」の使として派遣されたのであり、それを受け入れられねばならないという使命を負っていた。朝廷はその役にふさわしい人物をえらんだのであった。大宝律令の編纂にも加わっていた有能さを買って派遣したのだが、さきに見たような唐の朝廷の賞讃を受けたことが真人の器量を証している。そして、彼はその負託にこたえたのであった。

大宝令の規定

大宝令は残っていない。いま見るのは養老令であり、大宝令は、『令集解《りようのしゆうげ》』に引かれる、大宝令の注釈である「古記」によって見ることができるのみである。『令集解』は、惟宗直本《これむねのなおもと》の撰で、九世紀後半、貞観年中の八七〇年頃までの成立と見られている。『令義解《りようのぎげ》』（八三三年の成立。公的に令文の解釈を定めた注釈書で、その解釈を含めて令として機能した）をはじめとする令の諸注を集成したものであるが、そのなかに引用されている「古記」は、養老令と令文が異なっていて大宝令の注釈と知られる。天平十年（七三八）頃の成立と考えられるものである。養老令は、養老二年

（七一八）に撰定されたが、施行はおくれて天平勝宝九年（七五七）のことであり、天平年間はまだ大宝令の時代だったのである。

「日本」を定めたのは、公式令詔書式であった。天皇の発する詔書の書式の規定であり、天皇を標示する形式がそこに定められている。いま、書き出しと結びとについて、養老令文と、「古記」とを書き抜いて示せば、次のようになる。

明神御宇日本天皇詔旨。〈古記に云ふ。「御宇日本天皇詔旨」は、隣国及び蕃国に対して詔するの辞なり。問ふ。隣国と蕃国と何ぞそれ別たん。答ふ。隣国は大唐、蕃国は新羅なり。〉　云々。咸聞。

明神御宇天皇詔旨。　云々。咸聞。

明神御大八洲天皇詔旨。〈古記に云ふ。「御宇」「御大八洲」は、並びに大事を宣するの辞なり。一事においては任せ用ゐるのみ。問ふ。「大八洲」は未だ知らず、いかに。答ふ。日本書紀巻第一に云ふ。「因問陰神曰。汝身有何成耶。対曰。吾身有一雌元之処。陽神曰。吾身有雄元之処。思欲以吾身元処合汝身之元処。於是陰陽始遘合為夫婦。及至産時。先以淡路洲為胞。意所不快。故名之曰淡路洲。廼生大日本日本。此云耶麻騰。下皆效此。豊秋津洲。次生伊予二名洲。次生筑紫

洲。次双生億岐洲与佐度洲。世人或有双生者象此也。次生越洲。次生大洲。次生吉備子洲。由是始起大八洲国之号焉。即対馬嶋。壱岐嶋。及処々小嶋。皆是潮沫凝而成也。」〉　云々。咸聞。

天皇詔旨。　云々。咸聞。

詔書。〈古記に云ふ。「天皇詔旨書」は並びに同じ。皆小事を宣するの辞なり。〉

云々。咸聞。〈古記に云ふ。「云々聞宣」は、五事惣てに云へり。〉

養老令には五種の書式が見られるが、大宝令でも同じであったと知られる。「古記」の引くところによって以下の通りに全文を再建することができる。

御宇日本天皇詔旨。

御宇天皇詔旨。

御大八洲天皇詔旨。

天皇詔旨。

詔書。　云々。聞宣。

「古記」によれば、はじめのは対外的に用い、次の二つは大事について、最後の二つは小事について用いるのだという。養老令文との相違として、結びに置く句が、ただ「聞け」というのでなく、「聞けと宣る」とあり、また、「五事すべて」にかかるという注釈が必要だったように、「聞宣」は令文では一々には付けられていなかったと見られる。最も注意されるのは、「明神」という天皇神格化の表現がなかったと考えられることである。「古記」は、それぞれの書式について令文をきちんと引いている。養老令では三箇所にかかわる「明神」が言及されることがないのは、その句がなかったからだと考える他ない。

天皇即神思想の表現

「明神」は、アキツミカミと読む。この世に現に神としてあらわれた、という意味である。神として世を治めるというのであって、天皇神格化、天皇即神の思想を凝縮したものに他ならない。その核心となる句が、大宝令にはなかったのである。

宣命では、文武天皇の即位の宣命の冒頭に「現御神《あきつみかみ》と大八嶋国知らしめす天皇が大命らまと詔りたまふ大命を」とあるのをはじめとして、天皇のことを言い出すのに「現神」「明神」を冠するのが定型である。大宝令の時代の宣命もみなそうだから、令文にも「明神御宇」とあってそれとあい応じていると考えられてきた。

しかし、そうではなかったと見るべきである。宣命は、現に神としてあらわれて世を治めるものとして「現神」というが、大宝令詔書式はそうした即神表現をもたなかった。宣命と大宝令とをひとくくりにして捉えることは正しくないのである。

神祇令や、諸天皇の即位記事を見ると、天皇の即位は、百官が列立するなかで、中《なか》臣《とみ》氏が天神寿詞《あまつかみのよごと》を奏し忌部《いんべ》氏が神璽《じんじ》の鏡剣（寿詞・神璽ともに、天神の保障のしるしである）をたてまつるのを受けて天皇位に就く儀式があり、宣命によって即位を宣言して果たされるのであった。天神寿詞・神璽・宣命と、みな神話的背景をもつものであって、天皇の正統性を証すものである。

天皇を神話的に根拠付けるという点で、即位儀礼と『古事記』『日本書紀』の降臨神話とを一体のものとして見る見方も、古代史研究者の一部にまだ残っているが、それは、『古事記』『日本書紀』を誤読したものでしかなく、破綻していることは、小著『古事記と日本書紀』（講談社現代新書、一九九九年）で明らかにした通りである。

一番肝心なことは、即位に際して天皇にたてまつられる神璽について、『古事記』も『日本書紀』も語ることがないということである。

「神器」について降臨とかかわらせて見ることが一般的だが、『古事記』では、ニニギの降臨をこう語る。

爾くして、天児屋命《あめのこやねのみこと》・布刀玉命《ふとだま》・天宇受売命《あめのうずめ》・伊斯許理度売命《いしこりどめ》・玉祖命《たまのおや》、幷せて五《いと》りの伴緒《とものを》を支ち加へて天降しき。／是に、其のをきし八尺《やさか》の勾璁《まがたま》・鏡と草那《くさな》芸剣《ぎのつるぎ》と、亦、常世思金神《とこよのおもひかね》・手力男神《たぢからを》・天石門別神《あめのいはとわけ》を副《そ》へ賜ひて、詔《のりたま》ひしく、「此の鏡は、専ら我が御魂《みたま》と為て、吾が前を拝《をろが》むが如く、いつき奉れ」とのりたまひ、次に、「思金神は、前の事を取り持ちて政《まつりごと》を為よ」とのりたまひき。／此の二柱の神は、さくくしろ伊須受能《いすずの》宮を拝み祭りき。次に、登由宇気《とゆうけ》神、此は、外宮の度相《わたらひ》に坐す神ぞ。次に、天石門別神《あめのいはとわけ》、亦の名は、櫛石窓神と謂ひ、亦の名は、豊石窓神《とよいはまど》と謂ふ。此の神は、御門《みかど》の神ぞ。次に、手力男神は、佐那々県《さななあがた》に坐す。／故、其の天児屋命は、中臣連等が祖《おや》ぞ。布刀玉命は、忌部首《いみべのおびと》等が祖ぞ。天宇受売命は、猿女君《さるめのきみ》等が祖ぞ。伊斯許理度売命は、作鏡連《かがみつくりのむらじ》等が祖ぞ。玉祖命は、玉祖連等が祖ぞ。

この場面を「三種の神器」をあたえるととらえるような理解がなおこなわれている。たとえば、大津透『天皇の歴史01　神話から歴史へ』（講談社、二〇一〇年）は、アメノコヤネの命以下「五《いつ》の伴緒《とものお》」という五人の神を従者としたうえで、（略）三種の神器をニニギに与え、天皇が「天の下」を統治することの正統性を示すものと位置づけられている。

という。そして、『日本書紀』の第一の一書ではやはり「八《や》坂瓊《さかに》の曲玉及び八《や》咫鏡《たのかがみ》・草薙剣」の「三種の宝物」をあたえ、天児屋命・太玉命・天鈿女命《あまのうずめのみこと》・石凝姥命《いしこりどめのみこと》・玉屋命の五神を配侍したとあることとともに、「三種の神器の起源を語る神話」（大津、同書）だとするのである。

しかし、それは、『古事記』において、玉・鏡・剣を与えたことにつづいて思金神等をそえて奉斎を命じたという文脈を無視した理解である。

／をつけて区分したが、いくつかのことがならべて述べられている。順にたどれば、五神をそえて降したこと、玉・鏡・剣を与え神々をそえて特に鏡の奉斎を命じたこと、鏡は伊勢に祭り神々も鎮座していること、五神が中臣等の氏祖となったこと、である。読めばあきらかだが、玉・鏡・剣のうち、鏡についてだけ祭ることが確認されるのであって、玉・剣は関心のそとにある。特に鏡を重視するのは、アマテラスの魂としていま伊勢に祭ってあることが、とりもなおさず、天皇がアマテラスの保障のもとにあり続けていることを確認するものだからである。玉・鏡・剣の三つはセットでもなく、皇位の象徴という意味もない。

『日本書紀』は本書を軸にみるべきであり、一書は注にすぎない（参照、『古事記と日本書紀』）。本書は降臨をこう語る。

時に、高皇産霊尊《たかみむすひのみこと》、真床追衾《まとこおふすま》を以て、皇孫天津彦彦火瓊瓊杵尊《すめみまあまつひこひこほのににぎのみこと》に覆ひて、降りまさしむ。皇孫、乃ち天磐座《あまのいはくら》を離ち、且天八重雲《あめのやへたなぐも》を排分けて、稜威《いつ》の道別に道別きて、日向の襲《そ》の高千穂峯《たかちほのたけ》に天降ります。既にして皇孫の遊行《いでま》す状は、槵日《くしひ》の二上の天浮橋より、浮渚在平処《うきじまりたひら》に立たして、膂宍《そしし》の空国《むなくに》を、頓丘《ひたを》から国覓《くにま》ぎ行去《とほ》りて、吾田《あた》の長屋の笠狭碕《かささのみさき》に到ります。

アマテラスは降臨に際しては何の役割も果たさず、ニニギは何も与えられずに降るのである。

そして、『古事記』『日本書紀』ともに最初の天皇神武の即位記事に、神璽にならんふれることがない。こうして『古事記』『日本書紀』の神話をきちんと読めば、神璽のことがそこには語られていないことはあきらかである。大津のような降臨神話や「神器」のとらえかたは成り立ちようがない。

即位儀礼は、『古事記』『日本書紀』の神話とは別に、その儀礼のなかで、天皇の正統性を独自に神話的に根拠付けるものであった。天から降る神に正統性の根源をもとめるのは似ていても、『古事記』『日本書紀』とは別な神話的根拠を、儀礼そのものと宣命とにおいて与えるのである。天神の系譜をひき、現に神としてあるという神話的根拠（天皇即神）の表現として、「現御神と大八嶋国知らしめす」は、即位宣命のなかで成り立ち、定型化したものであったと見るべきである。

その宣命の表現を受け入れて養老令の「明神御宇」という文言が成り立ったのであって、大宝令文にこの即神表現はなかったのである。

「日本天皇」と「日本」

あらためて、大宝令にもどろう。

そこに「御宇日本天皇詔旨」とあった。「日本天皇」というかたちで、「日本」があったのだが、そのことにもうすこし注意する必要があると思われる。

御宇日本天皇詔旨
御宇天皇詔旨
御大八洲天皇詔旨

こうして「御宇」と「御大八洲」とを並べて見れば、「御宇」は天下を治める意であり、「御大八洲」は「大八洲」という国土を治めることをいうが、「御宇」と「御大八洲」とが等価なのであって、「日本」が「大八洲」と同じ次元で並ぶような国の呼び方でないことはあきらかであろう。

「日本天皇」というかたちで意味をもつ「日本」だということである。「天皇」という称自体は「日本天皇」として成立したのでなく、天武天皇のときにすでにあったことは、飛鳥池遺跡出土の木簡によって実証された。ただ、「日本」のほうは、「日本天皇」として定められたものではなかったか。それは国号といって誤っていないが、国土の呼称としてあったというのとは異なると受け取られる。

吉田孝『日本の誕生』(岩波新書、一九九七年)が言うように、「日本」は王朝の名であったと、見るべきであろう。

『日本書紀』という書名を考えてみれば、中国の正史である『漢書』『後漢書』『晋書』などにならうのだが、中国のそれが王朝の名を冠するのを知らないはずはない。そうした名づけ方にも王朝名としての「日本」がうかがわれる。

その「日本」が、中国に対してそう称することによって、「倭」が立てた王朝の名として、中国を中心とする東アジア世界のなかの国の名ともなったのだという、吉田孝の説は、明快で、説得的である。

このように「日本」の登場をとらえることからはじめよう。

さらに、日本側の問題として、それがどのような内実を備えてあったか、そもそもそれはどこからきたものか（日本側の発明であったのか）ということが問われる。このことを次の第二章で考えたい。

そして、中国は「日本」を受け入れたのだが、中国側の問題として、どのような意味で受け取られ、受け入れられるものであったのかということが、それに絡む。これについては、第三章で取り上げよう。

第二章　古代帝国における「日本」

1　『日本書紀』における「日本」

『日本書紀』の「日本」

「日本」と名のることは古代国家の問題であった。それは大宝令で制度化されたのであるが、外部に対しての称「日本天皇」として制度化された「日本」が、現実にどのようにありえたか。対外的に示すのだから、自分たちを外に対して主張するという意味があったはずである。そうした「日本」の意味が、『日本書紀』という、「日本」の名を負うテキストにおいて問われねばならない。

『日本書紀』には、書名・見出し（天皇名）を除いて、本文本体に延べ二一九例にのぼる「日本」があらわれる（「日本武尊《やまとたけのみこと》」等の人名をも含む）。あとから書き換えられたものであったとしても、『日本書紀』は、「大日本豊秋津洲《おほやまととよあきづしま》」にはじまって、神話的物語のはじめから「日本」として語るのである。そのことに即して、『日本書紀』における「日本」がどのようなものとしてあるかということが問われる。

しかし、『日本書紀』の「日本」は、『日本書紀』のテキストのなかだけで把握されるべきものではない。『古事記』には、一例も「日本」の用例がない。『日本書紀』は「日本」とともに語り、「日本」をもたずに『古事記』は語る。その両者の対比のなかに、「日本」として語ることの意味を見るべきなのである。

神功皇后の物語

『古事記』『日本書紀』の神功皇后の物語をあわせ見るとき、問題が明らかになる。神功皇后が百済・新羅を服従させることは『古事記』でも『日本書紀』でも同じだが、『日本書紀』では、新羅王が服属を誓うことは、つぎのように語られる。

冬十月の己亥の朔辛丑に、和珥津《わにのつ》より発ちたまふ。時に飛廉《かぜのかみ》は風を起し、陽侯《うみのかみ》は浪を挙げて、海の中の大魚、悉《ふつく》に浮びて船を扶《たす》く。則ち大きなる風順《おひかぜ》に吹きて、帆船《ほつむ》波に随《したが》ふ。櫓楫《かぢかい》を労《いたつ》かずして、便《すなは》ち新羅に到る。時に随船潮浪《ふななみ》、遠く国の中に逮《みちおよ》ぶ。即ち知る、天神地祇《あまつかみくにつかみ》の悉《ふつく》に助けたまふか。新羅の王《こきし》、是に、戦《お》戦《ぢ》慄慄《わなな》きて厝身無所《せむすべなし》。則ち諸人を集へて曰《い》はく、「新羅の、国を建てしより以来《このかた》、未だ嘗《むかし》も海水《うしほ》の国に凌《のぼ》ることを聞かず。若《けだ》し天運盡《よのかぎりつ》きて、国、海と為《な》らむとするか」といふ。是の言《こと》未《いま》だ訖《をは》らざる間に、船師《ふないくさ》海に満ちて、旌旗《はた》日に耀《かがや》く。鼓吹《つづみふえ》声を起して、山川悉に振ふ。新羅の王《こきし》、遥に望《おせ》りて以為《おも》へらく、非常《おもひのほか》の兵、将《まさ》に己が国を滅ぼさむとすと。讋《お》ぢて志失《まど》ひぬ。乃今《いましさ》醒めて曰はく、「吾聞く、東《ひむがしのかた》に神国《かみのくに》有り。日本《やまと》と謂ふ。亦聖王《ひじりのきみ》有り。天皇《すめらみこと》と謂ふ。必ず其の国の神兵《みいくさ》ならむ。豈《あに》兵を挙げて距《ふせ》くべけむや」といひて、即ち素旆《しろきはた》をあげて自《みづか》ら服《まつろ》ひぬ。素組《しろきくみ》して面縛《みづからとらは》る。図籍《しるしへふみた》を封《ゆひかた》めて、王船《みふね》の前に降《くだ》す。因《よ》りて、叩頭《の》みて曰《まう》さく、「今より以後《のち》、長く乾坤《あめつち》に与《ひと》しく、伏《したが》ひて飼部《みまかひ》と為らむ。其れ船柂《ふねかぢ》を乾《ほ》さずして、春秋に馬梳《うまはたけ》及び馬鞭を献らむ。復海《またわた》の遠きに煩《いたつ》かずして、年毎に男女の調《みつき》を貢《たてまつ》らむ」とまうす。則ち重ねて誓ひて曰さく、「東《ひむがし》にいづる日の、更に西に出づるに非ずは、且《また》阿利那礼河《ありなれがは》の返りて逆に流れ、河の石の昇りて星辰《あまつみかほし》と為るに及《いた》るを除《お》きて、殊に春秋の朝《みや》を闕《か》き、怠りて梳鞭《くしむち》の貢《みつき》を廃《や》めば、天神地祇《あまつかみくにつかみ》、共に討《つみな》へたまへ」とまうす。（神功皇后摂政前紀、仲哀九年十月条）

要約すれば、皇后の船を乗せた浪が遠く国のなかに一挙に及び、軍勢の勢いはさかんであったのを見て、新羅王は恐れ、これは、「神国」「日本」の「神兵」に違いないと言って、白い紐を首にかけて降服のしるしとして降り、永久の服従を誓ったというのである。

そして、新羅王はさまざまな財宝を八十艘の船に載せて貢上したとあり、これが新羅王が「常に八十船の調を以て日本国に貢る」ことの起源だという。

そのあとに、新羅が「日本国」に降ったことを聞いた高麗・百済の二国王も「今より以後は、永く西蕃と称《い》ひつつ、朝貢絶たじ」と誓ったとある。

また、神功皇后摂政四十六年条から五十二年条にかけても、百済王が、東方に「日本の貴き国」があるということを聞いて、服属するにいたる事情を語る。さきに（摂政前紀）高麗とともに服従を誓ったといいながら、ここにあらためて服属の事情を語るのは不審をのこすが、いま大事なのは、みずから東にあるという「貴き国」をもとめ、それを「日本」と呼ぶということである。

他方、『古事記』では、

故、備《つぶ》さに教へ覚ししが如く、軍を整へ船を双《なら》べて、度《わた》り幸《いでま》しし時に、海原の魚、大き小さきを問はず、悉く御船を負ひて渡りき。爾《しか》くして、順風、大きに起り、御船、浪に従ひき。故、其の御船の波瀾、新羅之国に押し騰《あが》りて、既に半国《くになか》に到りき。

是に、其の国王畏《かしこ》み惶《おそ》りて奏して言ひしく、「今より以後、天皇の命の随《まにま》に、御《み》馬甘《まかひ》と為《し》て、年毎に船を双べて、船腹を乾さず、柂檝《さをかぢ》を乾さず、天地と共に、退《や》むこと無く仕へ奉らむ」と言ひき。（仲哀天皇条）

とある。話の筋は同じであり、永遠の服属と貢上を誓うことも『日本書紀』と同じである。しかし、『古事記』には、「日本」をあらわすことがない。

筋は同じように見えるが、『日本書紀』は「日本」をあらわして語り、『古事記』は「日本」をあらわさないで語るのである。

中国との間では「倭」

そうしたなかで、「日本」をみてゆくとき、注意されるのが、同じ『日本書紀』の神功皇后の物語に引用される『魏志』『晋起居注《しんのききよのちゆう》』の記事である。よく知られている通り、神功皇后摂政三十九年、四十年、四十三年の各条は『魏志』のヒミコに関する記事を引き、六十六年条は『晋起居注』を引く。ヒミコと神功皇后とを重ねるのである。

魏志に云はく、明帝の景初三年の六月、倭の女王、大夫《たいふ》難斗米《なとめ》等を遣して、郡に詣《いた》りて、天子に詣らむことを求めて朝献す。〈以下略〉（三十九年条）

魏志に云はく、正始の元年に、建忠校尉梯携《けんちゆうかうゐていけい》等を遣して、詔書印綬を奉りて、倭国に詣らしむ。（四十年条）

魏志に云はく、正始の四年、倭王、復使《またつかひ》大夫《たいふ》伊聲者掖耶約等八人を遣して上献す。（四十三年条）

晋の起居の注に云はく、武帝の泰初の二年の十月に、倭の女王、訳《をさ》を重ねて貢献せしむといふ。（六十六年条）

とあるが、それらすべてにおいて、「日本」とは呼ばず、「倭」とすることに注意したい。

この中国との関係を、なおあとまで見届けて言えば、『日本書紀』では、神功皇后の記事のあと、推古天皇代まで中国について語ることがない。中国正史には、五世紀のこととして、いわゆる倭の五王のことが載るのはよく知られているが、『日本書紀』はまったくこれについてふれない。

神功皇后以後、推古天皇代にいたってはじめて、厩戸皇子《うまやとのみこ》の執政のもとでの外交として中国との交渉が語られるのである。

厩戸皇子といったのは、「聖徳太子」の名は、『日本書紀』には出てこないということに留意しておきたいからである。『日本書紀』においては、「厩戸皇子」「上宮厩戸豊聡耳太子」と言われるのであって、「聖徳太子」とは呼ばれない。「聖徳太子」という呼び方の成り立ち自体が問題であり、したがって、『日本書紀』が、この名で語らないことに『日本書紀』としての立場があると考えるべきである。その点に留意して、『日本書紀』をつうじて推古天皇時代と太子とを見てゆくときには、「聖徳太子」の名は用いないことにするのが適切であろう。

『日本書紀』は、厩戸皇子が皇太子として歴史において特別な役割をになったことを語る。その厩戸皇子の話でも、中国との関係では「倭」と呼ばれることは同じである。推古天皇の十六年（六〇八）条に載る、「大唐国」の使いのもたらした国書は、「皇帝、倭皇に問ふ」と書き出されていた。「倭皇」の「皇」は天皇にあわせたものであり、中国側の国書に、もとからそうであったとは認めがたい。『日本書紀』においては、自分たちの世界の統治者は一貫して「天皇」とし、徹底して書き換えているのであり、おそらく「倭王」が「倭皇」と改められたと見られる。しかし、「倭」は「倭」のままにしているのである。また、斉明天皇の五年（六五九）七月条に、この年派遣された遣唐使が唐の皇帝高宗の尋問を受けたことを、「伊吉連《いきのむらじ》博徳書《はかとこのしょ》」を引用して記すが、使いは「倭客」と呼ばれたとある。高宗が「天皇」と言ったとするのは、明らかな書き換えであるが、「倭」はそのままにしているのである。

大宝二年（七〇二）の遣唐使が「倭」から「日本」への変更の承認を果たしたことにからめて言えば、はやく「日本」としてあったのであり、それを中国も認めたということとなる。

『日本書紀』は、朝鮮諸国が「日本」と呼ぶものであったことを語る。そこに、『日本書紀』の成り立たせる「日本」の本質が見られるべきであろう。

伴信友の説

はやく、江戸時代の国学者伴信友《ばんのぶとも》『中外経緯伝』（『伴信友全集　第三巻』ぺりかん社、一九七七年復刻）が、『日本書紀』の神功皇后の物語をめぐって次のように述べたところが、ほぼ問題の核心を射ていると思われる。

また謂日本と云へることは、神功紀に、百済国の使人の奏言にも、百済王、聞東方有日本貴国云々と云へる由見えたり、韓国はもろこしの東に在とて、後世に彼国人がほこりがに東華東国など云へるをもて、めぐらしおもふに、そのかみも然《さ》る意《こころ》ばえにて、日の出るかたに近き東の国ぞとほこりがに思ひ居りしこゝろならひに、大皇国はその東なる神国なれば、日出方の本国と云ふ意にて、既《はや》くより日本と称《たた》へ申したり、（略）かくの如く既くより然《しか》韓人どもの尊称奉れる国号の良《ふさ》はしきを受給ひけるにあはせて、すべて、外蕃へは日本と詔《のりたま》ふ例とぞなされたりける、

という。要するに、朝鮮が、日の出る東の方にあることを尊び、この国を称えて呼んだのが「日本」であり、それを受け入れたのだという。

信友自身は、あくまで歴史的成立ということに帰そうとするのであるが、『日本書紀』の「日本」が、朝鮮諸国との関係においてあることを、名の意味とともにとらえる要点は押さえている。テキスト理解として言い当てているといってよい。

朝鮮との関係ということにつきるのである。要は、外部からの価値（ないし、優位）の確認ということにある。朝鮮諸国にとって「東」にあり日の出る方にあるという価値を、世界関係の根源に置くことの確認が、「貴き国」＝「日本」に他ならない。そのことを信友は的確についている。なお、「本」は、日の昇る木（扶桑）のもとにあることをいうが、このことはあとに述べる（参照、本書第三章3）。

朝鮮側の「倭」

ただ、朝鮮からは、「日本」と呼ぶだけではないことも留意しておこう。

百済記に云はく、〈中略〉加羅の国王妹既殿至《けでんち》、大倭に向きて啓《まう》して云《まう》さく、〈以下略〉（神功皇后六十二年条）

百済新撰に云はく、辛丑年に、蓋鹵王《かふろおう》、弟昆支君《こにききし》を遣して、大倭に向《まう》でて、天王《すめらみこと》に侍らしむ。〈以下略〉（雄略天皇五年七月条）

百済新撰に云はく、〈中略〉琨支《こんき》、倭に向づ。時に、筑紫嶋に至りて、斯麻王《しまきし》を生む。〈以下略〉（武烈天皇四年是歳条）

百済、下部杆率汶斯《かほうかんそちもんし》干奴《かんぬ》を遣して、表上《ふみたてまつ》りて曰《まう》さく、「百済の王臣明《やつかれめい》、及び

安羅に在る諸の倭の臣等、任那の諸国の旱岐《かんきら》等、奏《まう》さく、〈以下略〉（欽明天皇十五年十二月条）

等がそれである。百済の資料や、上表文に、「倭」と呼ぶことがあらわれる。「大倭」は、「大唐」のごとく、大国を称するものとして「大」を冠したのである。

神功皇后の物語の「日本」と、この「倭」と、文脈の違いはあきらかである。「倭」は、「日本」のような価値をになってあらわれているのではない。中国からの「倭」と同じ呼びあらわし方なのである。

要するに、外から「倭」と呼ばれるのであるが、朝鮮からは「日本」という価値を負うものとして呼びあらわされ、そこに、「西蕃」――「貴国」という世界関係、服属――支配の帝国的構造というべきものを成り立たせるのである。

『日本書紀』における「倭」と「日本」

『日本書紀』において、「倭」・「日本」は外との関係においてだけあるわけではない。それらは、外部との関係だけでなく、みずから自身について語るものとしてもある。

そのなかでの、「日本」と「倭」との使い分けについては、本居宣長『国号考』（天明七年〈一七八七〉刊。『本居宣長全集　第八巻』筑摩書房、一九七二年）の指摘がある。

　畿内の一国のやまとには、おほく倭とかき、天の下の大号のには日本とかき、又一国の名の時も、おほやけにかゝれるをば日本とかゝれて、紀中おほかた此例なり、

と、「一国」の名の場合は「倭」、全体の名（「大号」）の場合は「日本」という書き分けがあるという。大体の傾向はあるというのであるが、宣長の言うとおり、「おほく」「おほかた」というような傾向は認められてよい。

　しかし、それでは説明しきれないところに目を向ける必要がある。たとえば、崇神天皇の六年条に、天照大神・ヤマトオホクニタマ、二神を天皇の御殿の内に祭っていたのを、外に祭らせることとなった、そのいきさつを語るなかで、ヤマトオホクニタマが、「倭大国魂」「日本大国魂」と、両様に表記されるのは、使い分けがあるとはいえないであろう。

また、「日本国の三諸山」(神代上)は、一国の名としての「日本」であり、天武天皇の三年三月条に対馬から銀が出たことを述べて、「凡《おほよそ》銀の倭国に有ることは、初めて此の時に出えたり」というのは、「大号」の「倭」の例である。

中国・朝鮮が呼ぶときの「倭」も、いうまでもなく「大号」である。

宣長が「おほかた」というにとどまった理由がこう見るとよくわかるが、むしろ、本質は、「おほかた」という風に整理してしまったときに見失われるのではないか。「倭」は、「大号」・一国の名に通用されていると見るべきである。それに対して、「日本」は、位相が違うものとしてあったととらえたい。それは、「倭」にもとより内在していた価値にかかわるものだと見るべきである。価値は、日出の地という、「日本」の字のあらわすところに担わせられている。そして、「大日本豊秋津洲」といい(神代上)、「昔、伊奘諾尊《いざなきのみこと》、此の国を目けて曰はく、「日本は浦安の国、細戈《くはしほこ》の千足《ちだ》る国、磯輪《しわ》上《かみ》の秀真国《ほつまくに》」とのたまひき」というように(神武天皇三十一年四月条)、もとより「日本」なのであった。

ただ、その価値は、外から、朝鮮諸国が確認し、受け入れることによって、「西蕃」――「東方の貴国」という世界関係を成り立たせるとともに、はじめて価値としてあらわしだされ、定位されたのである。

もとにある元来の名は「やまと」である。それは、「大日本豊秋津洲」に「日本、此云耶麻騰。下皆效此」という訓注が付されることに確認される。一国の名にしてかつ「大号」でもある「やまと」だが、それに内在する価値をあらわしだし、世界関係を成り立たせて「日本」(やまと)としてあり、価値ぬきの称として「倭」(やまと)がある。それが、『日本書紀』における「日本」および「倭」であった。

帝国としての「日本」

『日本書紀』は、「日本」を朝鮮との関係にあるものとして意味づけるが、朝鮮に対する大国的関係を歴史的に確認するかたちで、「日本」の価値を確立するということができる。その要は、朝鮮に対して大国であること、すなわち、朝鮮を服属させる帝国であることの標示だということにある。

端的にいえば、『日本書紀』は、そうした「日本」を、歴史を述べるなかに確立するのである。

『日本書紀』のつくる歴史は、中国にも受け入れられてある「日本」を、朝鮮に対する大国的関係をつくるものとして確認し、国際的に認知された大国「日本」を成り立たせる。大宝令による「日本」という設定と、中国による、その認知とあいまって、

『日本書紀』によって得られた「日本」はこのようにとらえられる。

大宝令の「日本」が内実を得たことによって、「日本」がまさしく成立したというべきなのである。むろん、現実に、中国王朝が、「日本」の、朝鮮に対する国際的地位として承認したということではない。それはあくまで日本側の問題であった。自分たちの世界を確信し、納得するのである。

2 「日本」があらわれない『古事記』

外部をもたない『古事記』

古代国家の「日本」把握のために、『日本書紀』について見てきたが、『古事記』には「日本」があらわれないことに目を向けよう。『古事記』は、「日本」をあらわさずに語る。その「日本」の不在を考えることも、「日本」として語ることへの裏面からの視点として意味をもつ。

すでに見たように、『日本書紀』における「日本」は、外部との関係において自分たちの価値をあらわすものであった。外部の朝鮮から、「日本」という価値を負うものとして呼びあらわされ、「西蕃」（朝鮮）―「貴国」（「日本」）という世界関係を成り立たせるのである。

ここから、『古事記』を振り返って言えば、『古事記』には、中国があらわれることがない。神功皇后の物語（中巻仲哀天皇条）には『魏志』や『晋起居注』が引かれることはなく、下巻推古天皇条は系譜的記事だけで遣隋使のことにふれることも当然ない。下巻雄略天皇条に見える「呉人」のことが問題だが、これも百済・新羅ではないものという以上の意味をもたない。中巻応神天皇条の「呉服」が、百済から伝えられた技術のなかに、百済のものでない「呉」のものがあったというのと同じで、そういう人も渡来したというのである。その国が問題になるわけではない。また、『日本書紀』にあっては、百済・新羅・高麗の諸国（三韓）を神功皇后が服属させたと語るが、『古事記』には高麗があらわれない。とくに中国があらわれないということは、決定的な違いだと考えられる。

それは、端的に、外部――自分たちとは別な価値をもって外にあるもの――をもたない『古事記』というべきであろう。

『古事記』にあらわれるのは新羅と百済である。しかし、それは外部にあるのではない。『古事記』における新羅・百済は、新羅国は馬飼い、百済国は海の向こうの屯家と定め、墨江大神を新羅国の守りの神とする（このことは『日本書紀』にはない）ことによって、大八島国の延長上にそのまま包摂され、天皇の「天下」の一部となるものなのである。

神功皇后の系譜の問題をここで想起しよう。応神天皇条の最後に新羅の国王の子アメノヒボコの渡来が語られ、その子孫として皇后（息長帯比売命）の母葛城之《かつらぎの》高額比《たかぬかひ》売命《めのみこと》があらわれる。

『古事記』にしたがって系図化すれば次のようになる。

天日矛《あめのひぼこ》――多遅摩母呂須玖《たじまもろすく》――多遅摩斐泥《ひね》――多遅摩比那良岐《ひならき》――多遅麻毛理《もり》

――多遅摩比多訶《ひたか》――葛城之高額比売命――息長帯比売命《おきながたらしひめのみこと》

皇后が新羅の王子の血筋をひくことを確かめ、新羅とのかかわりが必然であることを示すのである。そして、新羅から渡来したものがそのまま定着してゆくという、こうした神功皇后にかかわる系譜的記事の意味に注意したい。『日本書紀』にはその系譜的位置づけがない。両者を見あわせれば、『古事記』にとって新羅は外部ではないということに気づかされる。
外部をもたず、外からのよびあらわしがない『古事記』には、見てきたような、外部としての朝鮮から価値を確認する「日本」がないのだと納得される。

『古事記』における「倭」

『古事記』において、自分たちの国（世界）について語るときは「倭」と呼ぶ。『日本書紀』の「大日本豊秋津洲《おほやまとよあきづしま》」は『古事記』では「大倭豊秋津島」、「神日本磐余彦《かむやまといはれびこ》」（神武天皇）は「神倭伊波礼毘古」とするのに見るとおりである。

『古事記』における「倭」は、人名を含めると六十四例にのぼる。それらはヤマトと訓まれ、歌のなかの「やまと」（十例）とともども、自分たちの世界内部（それは「天下」と呼ばれる）において呼ぶものであった。

そして、それらの「倭」は、「出雲より倭国に上《のぼ》り坐《ま》さむとして」（神代）のように、一国としての名であるのが原則である。

ただし、一国の名ということを超えると見るべきものがないわけではない。

まず、下巻仁徳天皇条に、雁が卵を産んだことをめぐる、天皇と建内宿禰《たけうちのすくね》との歌のやりとりがある。

たまきはる　内のあそ　汝《な》こそは　世の長人《ながひと》　そらみつ　やまとの国に　鴈卵生《かりこむ》と聞くや

と仁徳天皇が問う。「たまきはる」は「内」の枕詞、「内のあそ」は建内宿禰への呼びかけ。

渡り鳥の雁が「やまと」で産卵することはないはずだが、成務天皇以来長く大臣であった（だから「世の長人」という）お前は聞いたことがあるか、と尋ねるのである。

これに対して、答えた歌は、

高光る　日の御子　諾《うべ》しこそ　問ひ給へ　真《ま》こそに　問ひ給へ　吾こそは　世の長人　そらみつ　やまとの国に　鴈卵生《かりこむ》と　未だ聞かず

とあって、よくお尋ねくださいましたが、世を長く見てきたわたしでも聞いたことがありませんという。こうしたありえないことがおこることが、天皇の御世のすばらしさの証に他ならないという話である。

難波の高津宮にあって天下を治めた仁徳天皇が、淀川の河口にあった日女島《ひめ》に行幸のおりの歌という。その物語の文脈からして、ここの「やまと」は一国の「やまと」とはうけとれない。

また、下巻雄略天皇条に、葛城の一言主大神との出会いを語る話がある。天皇が葛城山に行幸したとき、天皇の行幸の列とそっくりの列（大神の列）に出会ったのであった。それを咎めた天皇は、こう言う。

茲《こ》の倭国に、吾を除きて亦《また》、王は無きに、今誰《たれ》人ぞ如此《かく》て行く。

「倭の国」に王はわたしのほかにいない、この列と同じ列などあってはならないというのである。「倭」というが、天下を治める立場から発せられたものとして一国ではありえない。

しかし、そうだからといって、『古事記』において、「やまと（倭）」が、一国にとどまらない全体の名としても用いられると簡単にすまされるものではない。

「倭」と、天皇の世界

それは、「倭（やまと）」が王権の地であり、天皇の世界そのものだということへの強い意識から理解するべきものだからである。「倭」を名に負うヤマトタケ（倭建命）の物語に、それをもっともよく見ることができる。ヤマトタケの名はクマソタケルを討ったときにたてまつられたものである。クマソタケル兄弟を討つために、ヲウス命（小碓命。これが本名）は、女装して彼らの宴会のなかに入り込んで二人に近づいた。宴のさなか、懐から剣を出し、兄を刺し殺し、逃げ出した弟を追いかけて剣を尻から刺し通した。そのなかで弟のクマソタケルはこう言う。

西の方に、吾二人を除きて、建く強き人無し。然れども、大倭国《おほやまとのくに》に、吾二人に益《ま》して、建き男《を》は、坐《いま》しけり。是を以て、吾、御名を献らむ。今より以後《のち》は、倭《やまと》建御子《たけのみこ》と称《い》ふべし。

「大倭国」にわたしたち兄弟以上に強い人がいることを知って、称《たた》えて名を献上すると言うのである。こうしてヤマトタケとなって、イヅモタケルを討ち、さらに、東のあらぶる神・従わない者たちに服属を誓わせ、「倭」のもとに大八島国の領域全体を天皇の「天下」として実現するのであった（中巻景行天皇条）。

そうした「倭」が作る「天下」という意識が、さきの雄略天皇条の例にもよくうかがわれるが、仁徳天皇条の雁の卵の歌でもそれは同じである。同じ仁徳天皇条で、吉備国の黒比売のもとから上る仁徳天皇の船を、黒比売は「やまとへに行く」と歌ったことが思いおこされる。

やまとへに　行くは誰が夫《つま》　隠り処《づ》の　下よ延《は》へつつ　行くは誰が夫

「やまと」へ行くのはわが夫、ひそかにこころを通わせて行くのはわが夫だ、の意。宮は難波にある。しかし、船の行く先を「やまと」と言う。難波を宮としていても、「やまと」を中心とした世界であることを明示して、そう歌うのである。雁の卵の歌も同じことだと言ってよい。

原則は一国の名なのである。しかし、全体がその「倭」にひきつけられ、「倭」のもとに包みとられて天皇の世界があるということが強く意識されているというべきであろう。

『古事記』においては、「日本」という外からの価値確認による世界関係をつくるのでなく、「倭（やまと）」が作る天皇の世界がそのまま新羅・百済までを包摂して、帝国的世界を成り立たせるのである。

そのようにあったものとして、自分たちのいまにつながる世界を確信するのであり、また、いまの世界を保障することができるのであった。

3 「日本」の由来

『古事記』『日本書紀』の世界の図式

上に見てきたように、『古事記』『日本書紀』における、「日本」をあらわすか、あらわさないかの違いは、自分たちの世界をどう確信するかということにかかるものであった。その世界の本質は、朝鮮を服属させる帝国的国家ということにある。述べてきたところを、図式化すれば次のようになる。

こうしたかたちで「日本」の設定をとらえておくことができる。古代帝国の世界標示としての「日本」である。

『日本書紀』

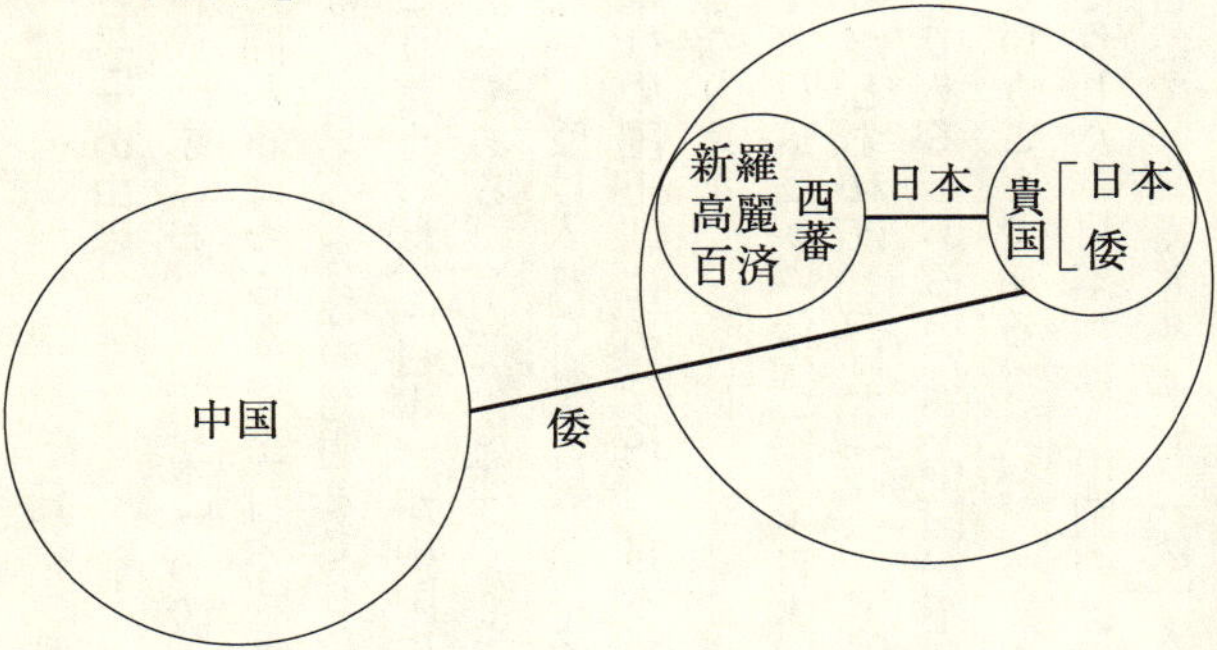

『古事記』

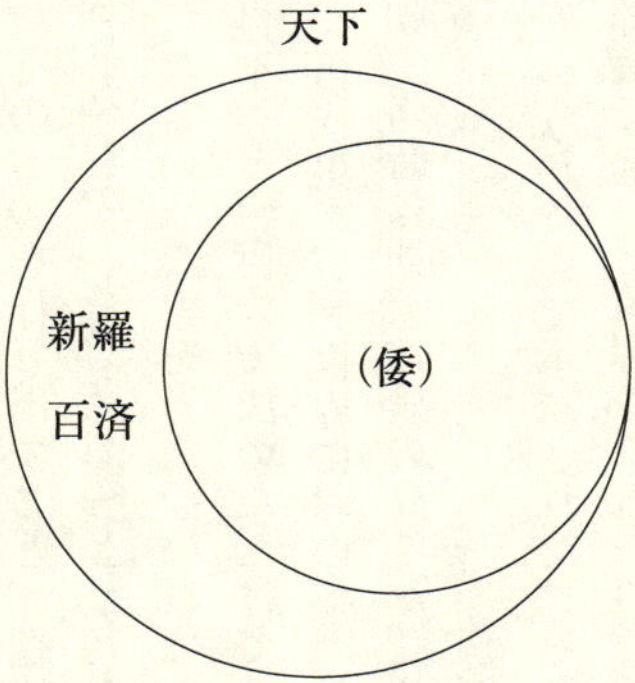

「日本」の由来

古代国家における「日本」の設定として、このように見届けることができるが、さらに問わねばならない。「日本」という呼びかたそのものを作り出すこと、端的に言えば、「日本」の称の発明までもがそこで果たされたのか、という問題である。

こう言うのは、「日本」が中国に受け入れられたということを考えなければならないからである。第一章に述べたとおりだが、「日本」と、自分で決めただけでは意味がない。受け入れられてはじめて意味をもつが、古代東アジア世界において、その決定権は中国王朝にあった。「日本」は、中国王朝（当時は則天武后の周）が認めて国号となりえた。

それは武后が「倭国」を「日本国」に改めるというかたちで承認された。そういうものだとすれば、「日本」は、中国にとって不都合でないと諒解されるものであったはずである。あるいは、中国が不都合でないと認めるものを選ばなければならなかったということである。

そうした「日本」は、中国の世界像（中華的世界像）のなかで生まれたと考えるのが自然で、納得しやすい。「倭」もあわせて、中国の世界像に即して検討することがもとめられる。

第三章　古代中国における「倭」と「日本」

1　「倭」の意味

「倭」は中国が呼ぶ名であった。新旧『唐書』が、「倭」を「日本」に改めたのは日本側が「倭」というのを嫌ったからだ、と述べているが（参照、本書第一章1）、何を嫌ったのかを知るために、それがどういう意味であったかについて見ておく必要がある。

中国側の文献をたどって、「倭」の意味を考えよう。

『山海経』

正史に「倭」の伝が建てられるのは『後漢書』以後だが、「倭」そのものがもっともはやくあらわれるのは『山海経《せんがい》』である。神話・地理の書といわれるが、中国の外に広がる世界について述べるものであり、信じがたい奇怪な話を多く載せる。成立ははやく、戦国時代（B．C．四〇三―B．C．二二一年）以前とされるが、その第十二「海内北経」に「倭」が見える。

蓋国《がいこく》は鉅燕《きよえん》の南、倭の北にあり、倭は燕に属す。

という。「蓋国」について述べる記事であって、「鉅燕」（強大なる燕）と「倭」との関係を示し、「倭」は燕に属するという。「倭」の記事とはいえないが、三世紀末～四世紀前半の人である郭璞《かくはく》が、この書に注をつけたとき、『魏志』倭人伝を引いているように、のちに「日本」となるもののことだと見られていた。ただ、その郭璞の注にも、「倭」の意味は説かれていない。

ちなみに、『山海経』の巻九「海外東経」には「君子国」があるとされる。「海外東経」は「湯谷」・「扶桑」について述べる巻であり、後に見るように、東極日出の地としてこの国をとらえることにつながる。あの粟田真人が出会った唐の役人が、「海の東に大倭国がある。その国を君子国といい礼儀がおこなわれている」と聞くと言ったことが思い起こされる（参照、本書第一章1）。「君子国」ということのいわれは、この『山海経』にあったのである。

『漢書』とその注

前漢（B.C.二〇二—A.D.八年）の歴史を記した『漢書』（一世紀の成立）の地理志、燕地の条には、

楽浪海中に倭人あり、分かれて百余国を為し、歳時を以て来たりて献じ見ゆと云ふ。

とある。これによって「倭」はもともとは種族をいうと知られる。そして、これに対して付けられた注には「倭」の意味を説くものがある。初唐、七世紀の人である顔師《がんし》古《こ》がそれまでの注を集成・取捨したのを受け、『漢書』は師古注本によって読まれるが、「倭人」には、如淳《じよじゆん》、臣瓚《しんさん》、顔師古の三者の注がある。

これをめぐって多くの論議があるが、西嶋定生『倭国の出現』（東京大学出版会、一九九九年）によれば、如淳は倭というのは、「墨をもって人面に委する（＝積む）ということであろう」という。習俗として顔や体に入れ墨していることから解いたと

見られる。『魏志』にその入れ墨のことが見えるのによったものであろう。臣瓚は、「倭」は国名であって入れ墨という解釈はあたらないという。顔師古もこれを支持して、「倭」の音はワであって、「委」と「倭」とでは音が違う、「倭国」のことは『魏略』に記事があるという。顔師古の如淳批判は納得されるが、ただ、如淳のような解釈があったことは留意しておこう。

平安時代の『日本書紀』の講書の論議のなかでも、「倭」の解をめぐって『漢書』の注が話題になる。承平六年（九三六）から天慶六年（九四三）にかけて行われた講書の「私記」（現存するのは最初の部分だけである。他にも「私記」と呼ばれるテキストがあるので、区別して丁本という）のなかに次のようにある。

問ふ。此の倭の字の訓は、その解、如何。
師説。延喜の説に、漢書に晋灼《しんしやく》・如淳おのおの注釈有り、然るに総じて訓を明らむる字なきなり、と。今案ずるに、諸の字書等の中に、また指してこれを読むことなし。

問答のかたちになっているが、問いは、「倭」の字の意味（「訓」は、意味のこと）

をどう解するか、という。これに答えて、師（講義を行う博士、このときは矢田部公望《やたべのきんもち》）はこう説いた——、延喜の講書の説では、漢書に晋灼や如淳の注が付けられているが、「倭」の意味を明らかにするものではないとしているし、わたしがいま考えても、諸の字書にもこれを説明することがない。

現在の師古注本には如淳の注は見られるが、晋灼の注はない。延喜の講書のさいに見られた『漢書』は、師古注本とは別のテキストもあったらしい。いずれにしても、「倭」の意味は明らかにされないというのであり、字書を見てもわからないという。要するに明解を得られないというのである。

字書

「諸の字書」というが、何を見ていたのであろうか。種々の字書類が伝えられていたことは『日本国見在書目録』によって知られるが、平安時代には、実際にはこれらを再編して利用しやすくした『東宮切韻《とうきゆうせついん》』が行われていた。『東宮切韻』は、菅原是善《すがわらのこれよし》（八一二—八八〇年）の撰、隋・唐代の『切韻』と呼ばれた字書類を集成したもので、いま失われたが、諸書の引用に広く利用されたあとを見る。『釈日本紀』に、丁本をひいた後に『東宮切韻』『玉篇』（梁の顧野王の撰）を掲げているが、古代中国における「倭」理解を知る字書として適切なものだからである。講書にさいして字書といったのもこれを指していたと見られる。

幸いに、「倭」の項は、『釈日本紀』の他に、『和漢年号字抄』という鎌倉時代初(十三世紀半ば)の本にも引用されていて、こちらのほうがより完全なかたちを伝えている。そこにはこうある。

> 東宮切韻に曰ふ。陸法言《りくはふげん》の云はく、烏和《うか》の反、東海中の女王国なり。長孫訥言《ちようそんとつげん》の云はく、荒外の国名なり。薛峋《せつじゆん》の云はく、又は於危《をき》の反、順《したが》ふ貌《かたち》。祝尚丘《しゆくしやうきう》の云はく、倭人は東夷の国なり。古、百余国有り。大海中に在り山島に依りて国を為す。又、女王国有りて、亦、倭の類なり。此国は漢の霊帝の時、曾《かつ》て男子を以て王と為し、国乱れ定まらず。乃《すなは》ち女子を以て王と為し、遂に其策を定む。海を渡りて千里、倭国有り。孫愐《そんめん》の云はく、従ふ貌、東海中の日本国なり。

「陸法言」「長孫訥言」「薛峋」「祝尚丘」「孫愐」はみな字書を撰者の名で示したものである(『釈日本紀』の『東宮切韻』の引用は、「祝尚丘」を省いている)。見わたすと、「倭」について、ワ(「烏和の反」)、キ(「於危の反」)の異なる音と、「女王国」

「国名」と、「順ふ貌」という説明とが、それらのなかにほぼ共通してあったことが知られる。

なお、『釈日本紀』は、『東宮切韻』のあとに『玉篇』を引く。

玉篇に曰く。於為反。説文に云ふ。順ふ貌。詩に云ふ。又為禾反。国名。

これも、ヰ（於為の反）とワ（為禾の反）とのふたつの音と、異なる意味（ヰは「順ふ貌」、ワは国名）があるというのである。補足すると、『玉篇』は『説文解字』（説文）を引用していた。『説文解字』には「詩」（『毛詩』）の例「周道倭遲」（「小雅」の「四牡」の句で、「倭遲」は巡り巡って遠くゆくことをいう）が引かれていた。『釈日本紀』は、その引用文を省いた（「順ふ貌」という意味と用例とがかみあわないことによるのかもしれない）ためにわかりにくくなっている。

『釈日本紀』は、『東宮切韻』と『玉篇』とによって、古代中国の字書をほぼ見渡したことになるが、その結果をおおざっぱに言えば、ワとヰと、二つの音があり、ヰは従順の意と解され、ワは、その意味を説明することなく、東夷の国名とだけうけとられていた。

こう見てくると、やはり、講書の博士矢田部公望が言ったとおり、「倭（ワ）」の名の意味は中国の字書でもはっきりせず、よく分からないとするしかない。

国名「倭」の意味

「倭」の意味そのものは、定かではない。要するに、意味は明らかでなく、本居宣長『国号考』が、「いかなる意にて名づけつるにか、その由はさだかに見えたる事は」ないと言ったとおりなのである。

したがって、「倭」の改称が何を忌避して成されたかということもわからないというしかない。ただ、見たような『漢書』如淳説のようなものがあったとすると、そうした名は忌避したいということだったかということにとどまる。

宣長は、『古事記』が「倭」を用いることについては、「かの国より名づけて書る字を、そのまゝに用ひむ事、さもあるべきわざなり」とも言う。

この宣長の発言はもっと積極的に受け入れることができる。慣用にとどまり、かつ、その文字に意味をになわせないということである。そういうものとして、「倭」自体は意味の上で中性的であって、ヤマトの地を標示するだけである。『古事記』の物語において語られる天皇の世界「倭（やまと）」は、その字の意味とはかかわりなく、物語そのものが成り立たせるのである。

2　古代中国における「日本」

それが中国にもともとあったとすれば、中国にとって不都合でなく認められるものとなる。以下、その可能性について検討したい。
「日本」にもどろう。

晋の恵帝の時――丁本の証言

まず、さきに取り上げた「私記」の丁本に、こういう問答がある。「問い――この『日本書紀』を読むためにどういう書を備えたらよいか。博士の答え――先代旧事本紀・上宮記・古事記・大倭本紀・仮名日本紀等である。」そしてそのとき、参議であった紀淑光《きのよしみつ》は「日本というのはどういう意味か、また、どの代に日本という号がはじめてあったのか」と問うた。

講書は、『日本書紀』という書名から講じはじめてゆくものであり、最初「日本」について問題とする。それは過ぎた後だからいささか場がずれた感じもするが、「仮名日本紀」という本の名が出てきたので、蒸し返したのである。

これに対して、博士の補佐役（尚復《しょうふく》）と、博士矢田部公望とが重ねて答えている。尚復は言う。

上代、皆倭国、倭奴国と称するなり。唐暦に至りてはじめて日本の号見えたり。発題の始め、師説かくの如し。

書名を論議したはじめに博士が言ったとおりだといって、中国の文献では、上代はみな「倭国」「倭奴国」であり、『唐暦』になって、はじめて「日本」の号が見える、という。もうすでに言ったことだという調子がうかがえるが、博士はこれを補足してつけ加えた。

師説。日本の号、晋の恵帝の時に見えたりと雖も、義理明らかならず。たゞし、隋書東夷伝に云はく、日出づる国の天皇、謹みて日没する国の皇帝に白すといへり。然れば則ち、東夷日出の地に在るが故に日本と云ふか。

大意は、「「日本」の号は、晋の恵帝のときに見えるが、意味するところがあきらかでない。ただ、『隋書』東夷伝に鑑みれば、東夷にして日出づる地に在るゆえを以って「日本」というのであろうか」となる。

この『隋書』の引用は正確ではない。『隋書』には、「日出づる処の天子、書を日没する処の天子に致す」としたのが、煬帝の不興を買ったとある。この師説は、『日本書紀』推古十六年九月条の隋への国書に「東天皇敬白西皇帝」とあるのと、『隋書』の文言とを取り合わせたものである。改変であって、意図的と思われるが、いま注意したいのは、晋の恵帝という早い時代（二九〇―三〇六年）に「日本」の号が見えるということである。

尚復が、『唐暦』にはじめて見るというのは、中国王朝が「日本」の号を認めたということであり（参照、本書第一章）、博士は、『晋書』にはただ「日本」の名だけが見えるというのであろう。だから、名義不明といいつつ、その名義を説くのに、『隋書』に「日出づる国」というのだから、東夷にして日出の地である故の呼び名ではないかとする。

その「日本の号、晋の恵帝の時に見えたり」ということが、どれだけたしかなのか。確認はいまできない。現行の『晋書』には「倭人伝」をふくめて「日本」は見えない。丁本は何によってそういうのか、確かめられないのである。

しかし、これを何かの誤りとか、不明ということですまされるものではない。公望が「見」たと証言することを重視したい。平安時代までに、『晋書』は何種類も伝わっており（『日本国見在書目録』に見るとおり）、それらとともに、いまはうしなわれたもの――『修文殿御覧』『秘府略』など、大規模な類書――も見ることができたのである。いま知られる『晋書』の逸文等には見られないが、あったかも知れないのである。

『述異記』――「日本国」の金の桃

次に、六朝の梁代の人（四六〇―五〇八年）である任昉《じんぼう》の『述異記』に、「日本国」に金の実のなる桃があるということが見える（『漢魏叢書』による）。

磅礴山《ほうたうさん》は、扶桑を去ること五万里、日の及ばざる所にして、其地、甚だ寒し。桃樹の千囲《せんゐ》なる有り。万年に一実。一説に、日本国に金の桃有り。其実、重さ一斤なり。

「日本」に金の桃があるというのは、一種の黄金伝説である。だが、『述異記』は後代（唐・宋）の偽作といわれ、はやく六朝時代にそうしたものがあったということは、この例からは確かだとは言えない。

ただ、この記事の前半は、『芸文類聚』「桃」の部に「拾遺記に曰はく」として、少し相違があるが、ほぼ同じ記事が載る。『拾遺記』（巻三）にもこれに対応する記事がある。

扶桑を去ること五万里、磅磄山上に桃樹の百囲なる有り。其の花青黒く、万歳に一たび実る。

という（『漢魏叢書』による）。『述異記』自体は偽作だとしても、万年に一度実を結ぶという、とてつもなく巨大な桃の樹の伝説に関しては六朝時代に溯る謂れがあることになる。しかし、肝腎の後半、「一説」としていう、金の実のなる桃の話には、そうした痕跡も得られない。

ただ、「一説」は、何の根拠もないということではない。何かがあってこの記事となったわけで、可能性というにとどまるが、六朝時代に「日本国」といったということが考えられてよい。

金の実のなる桃の樹の話は、東方のかなたの世界の、到底事実とは思われない伝奇的異聞である。東のはてにはそんな不思議もありうると、「日本」にかけて古代の中国では語られていたということである。

渤海国書の「日本」

年代的には降るが、注意されてよいのが神亀四年（七二七）の第一回渤海国使がもたらした国書である。『続日本紀』神亀五年正月十七日条に載せられる（新日本古典文学大系本による）。

武藝《ぶげい》い啓《まう》す。山河域《さかひ》を異にして国土同じからず。延《ほの》かに風猷《ふういう》を聴きて、但、傾仰《けいかう》を増す。伏して惟《おも》みれば、大王天朝命を受けて、日本《にちほん》、基《もとゐ》を開き、奕葉《えきえふ》光を重ねて、本枝百世《はくせい》なり。武藝 忝《かたじけな》くも列国に当りて濫《みだ》りに諸蕃を摠《す》ぶ。高麗の旧居に復《かへ》りて扶餘《ふよ》の遺俗《ゐしよく》を有《たも》てり。但し、天崖の路阻《みちへだ》たり、海漢《かいかん》悠々《はる》かなるを以て、音《いむ》耗《かう》通はず、吉凶問ふことを絶てり。親仁結授《しんじんけつじゆ》せむ。庶《ねが》はくは、前経に叶へ、使を通はして隣を聘《と》ふこと今日より始めむことを。謹みて寧遠《ねいゑん》将軍郎将《らうしやう》高仁義、游《いう》将軍果毅《くわき》都尉《とゐ》徳周《とくしう》、別将《べつしやう》舎航《しやかう》ら廿四人を遣《つかは》して、状《ふみ》を齎《もたら》し、并せて貂《てう》の皮三百張を附《さづ》けて送り奉る。土宜《くにつもの》賤しと雖《いへど》も、用《もち》て献芹《けんきん》の誠を表さむとす。皮幣《ひへい》珍《めづ》らかに非ず。還りて掩口《えむこう》の誚《せめ》を慚《は》づ。生理限《かぎ》り有り、披胆《ひたむご》期せず。時、音徽《いむくゐ》を嗣《つ》ぎて永く隣の好《よしみ》を敦《あつ》くせむ。

（現代語訳　武芸、申し上げます。両国は山河ところを異にし、国土は遠く離れておりますが、よく強化された国であることをはるかにほの聞き、心を傾けて仰ぐ思いを増すばかりであります。伏して考えますに、大王の朝廷は天命を受けて日本に王朝を開き、代々栄光を重ね、祖先からずっと長く栄えておられます。武芸は、かたじけなくも、大国の王として冊封され諸蕃を統治しております。高句麗の旧来の国土を回復し、扶余の古い風俗を保っております。しかしながら、はるかに隔たって、海川が間に広がっておりますがゆえに、音信通ぜず、慶弔を問うこともございませんでした。今後は親しみ、誼《よし》みを結びたく、願わくは、以前からの歴史に叶うように、使いを遣わして隣国として交わることを、今日からはじめたいことでございます。謹んで寧遠将軍郎将高仁義、游将軍果毅都尉徳周、別将舎航ら二十四人を遣わし、書状を進め、あわせて貂の皮三百張を持たせてお送り申し上げます。つまらぬ土地の産物でございますが、もってしるしといたしたく存じます。こと珍しいものでもなく、かえって笑いをうけることを恥じ恐れることでございます。生は限りあり、わたしの誠意が十分に打ち明けられるとは存じませんが、時に音信を継続して永く隣国の好を厚くしたいものでございます。）

要するに、高句麗の故地を回復したと称して、いままでと同じように隣国の好を通じたいというのである。平安時代に及ぶ渤海との通交がこうして始まったが、いま、渤海が、みずからと対置するかたちで、次のように述べることに留意したい。

「大王天朝命を受けて、日本、基を開き、奕葉光を重ねて、本枝百世なり

武藝忝くも列国に当りて濫りに諸蕃を摠ぶ。高麗の旧居に復りて扶餘の遺俗を有てり

という（「日本、基を開き」という新日本古典文学大系本の訓点にあいまいさがのこるが、そのままにおく）。「天朝受命」は、中国王朝から命を受けると解することもできるが、六世紀以来中国からの冊封は受けていないのであり、この国際関係は高句麗

も承知していたことであったはずである。「大王天朝」は「天皇の朝廷」（新大系）をいうと解される。「開基」に続く文脈は、大王の朝廷は天命を受けて王朝の基を開いたととるのが妥当であろう。「日本」は、文脈的には王朝開基の地と見るのがわかりやすく思われる。「日本」の地に王朝を開基した、の謂いということになる（東野治之「日本国号の研究動向と課題」『史料学探訪』岩波書店、二〇一五年。初出二〇一三年）。「奕葉光を重ねて、本枝百世なり」は「開基」をうけてずっと代を重ねていまに至ることを称《たた》えた言。それに対して、渤海は、高句麗の故地を回復したという。

その「日本」を渤海はどのように知ったのか。渤海の使いは、六六八年の高句麗滅亡以来の国使であった。天武朝まで高句麗遺民と交渉があったが、四十年の空白があり、情報の欠落があった。令制の「天皇」号を承知していなかったから「大王」と呼びかけたのである。第一回の国書以外には「大王」は見られない。ちなみに天平十一年十二月十日条の第二回渤海国使の国書には「伏して惟れば、天皇の聖殿至徳《せいてんしとくはる》遐かに暢《の》び、奕葉光を重ねて沢《なだ》らかに万姓《ばんせい》に流《つた》ふ」とあり、「天皇」と呼ぶ。国書は形式性がもっとも重んじられるところであり、「天皇」としないということは、石井正敏『日本渤海関係史の研究』（吉川弘文館、二〇〇一年）が、「渤海王は高句麗時代当時の日本の君主を「大王」とする知識に基づいて、「大王」と呼びかけたものとも考えられよう」と言うとおりであろう。

「日本天皇」という令制の君主号を承知していなかったとすれば、「日本」は何によったのか。さきに見たように、中国側が「日本」を認めたのは、大宝二年（七〇二）であった。高句麗時代当時から知られていたものではない。七一三年に唐の冊封を受けた渤海がそのことを知っていたとも考えられるが、「天皇」といわないことからすると、「日本」はその以前に別にあったものによった（もともとこの地を「日本」とよぶことがあった）ということを考えてよい。

ただ、「日本」の地に開基した王朝であり、開基の地をもって王朝名とするのが原則だから（周がそうであったと、講書では説いていた。参照、本書第五章）、「日本」が王朝名となるのである。渤海もその王朝名（国号）を知っていて（国際関係のうえで知っていたと考えるほうが穏やかかも知れない）、王朝名は地名によるという理解から、「日本の地に王朝（日本王朝）を開基し」と述べたと見ることも十分できよう。

字書のなかの「日本」

『東宮切韻《せついん》』が『切韻』諸本を集成したなかの「倭」の項についてはさきに見た。そこに「孫愐の云はく、従ふ貌、東海中の日本国なり」とあった。

「孫愐」は、『日本国見在書目録』に「切韻五巻孫愐撰」とあり、『新唐書』に「孫愐唐韻五巻」とある。天宝十載（七五一）の成立という（『広韻』序）。隋の陸法言の時に成されたものが、唐代初の長孫訥言以下によって増加されたというなかにあった。その時代に「倭」がいかに認識されていたかをこれらに見る。

「東海中の日本国なり」は何によったのか。『魏志』など前代の正史を引くような陸法言らに対して、則天武后時代に新しく認められた国号をもって、「倭」とはいまいう「日本国」のことだ、と当代の認識を示したのだということが考えられる。しかし、また同様に何かの先行文献に拠ったということも十分考えられる。唐初までの中国において、東海のかなたの地を呼ぶものとして「日本」があった可能性を見ることは不当ではあるまい。

「日本」を生む基盤

以上、「日本」の用例を検討してきて、それが元来中国において生まれたということについては、確かな例はあげられないが、可能性があるということを見た。

そして、見なければならないのは、そうした可能性の基盤である。中国の世界像において、「日本」を生むような基盤（あるいは、許容するような基盤）があることを見るべきだということである。

3　古代中国の世界像と「日本」

古代の中国において、どういう世界像のもとに周辺の東方世界をとらえていたか。そのなかで「日本」がどうありえたか。

日の昇る木・扶桑

まず、「扶桑」のことが注意される。『山海経』や、『淮南子《えなんじ》』（前漢、B.C.二世紀の成立）にあらわれてくるものである。『淮南子』の天文訓には、

日は暘谷《やうこく》に出で、咸池《かんち》に浴し、扶桑《ふさう》を拂《はら》ふ、是れを晨明《しんめい》と謂ふ。扶桑に登り、爰《ここ》に始めて行かむとす、是れを朏明《ひめい》と謂ふ。

とある。「暘谷」（湯の谷）が日出の地であって、日は「扶桑」に登るのである。た

だ、この「扶桑」は、「東方の野」と解されている。

『山海経』にはより詳しい。「海外東経」に、

下に湯谷有り。湯谷上に扶桑有り。十日《じふじつ》の浴する所にして、黒歯の北に在り。水中に居て、大木有り。九日は下枝に居り、一日は上枝に居る。

とある。「湯谷」は「暘谷」と同じで、湯の谷をいう。十の太陽（十も太陽があったという話は『淮南子』にも見える）の湯浴みするところであり、黒歯国の北にあって、そこに日の昇る「扶桑」という木があるという。

それと同じことが、「大荒東経」にも見える。

谷有りて温源の谷と曰ふ。湯谷の上に扶木《ふぼく》有り。一日まさに至れば、一日まさに出づ。皆、烏を載せたり。

かわるがわる出る十個の太陽には皆、烏を載せているというのである。その十の日を生んだのが羲和《ぎか》であったということが、「大荒南経」に載る。

女子有り、名を羲和と曰ひ、まさに日を甘淵《かんえん》に浴せしむ。羲和は、帝俊の妻にして十日を生む。

とある。

なお、この十個の太陽の記事は、類書の『芸文類聚』・『初学記』にも引かれ、よく知られている。また、尭《ぎょう》のとき、十の日が一度に出て、草木を焼き枯らしたので、弓の名人羿《げい》が、九日を射たという話が『楚辞』の注や『淮南子』の注に見える。

こうした「扶桑」のことが、さきにもあげた古代の字書『説文解字』に定着されて、

叒《じゃく》。日は初め東方湯谷の所に出て、榑桑《ふさう》に登る。叒は木なり。象形。凡そ叒の属、皆叒にしたがう。而灼の切。

となる。「榑」は「扶」と通じ、「榑桑」は「扶桑」と同じである。

その「榑桑」（扶桑）について、『説文』にはまた別の記事がある。

榑。榑桑は神木にして、日の出る所なり。木にしたがひ尃《ふ》は声なり。防無の切。

という。

要するに、十個の太陽の湯浴みする「湯谷（暘谷）」、その谷の上にあって太陽が昇る「扶桑」という木が、はるかな東夷の世界にあると語られているのである。

『文選』における「暘谷」「扶桑」

古代中国の世界イメージといってよいものであるが、そうした「暘谷（湯谷）」「扶桑」の定着は、たとえば、六朝梁代までの詩文を収めた詞華集『文選《もんぜん》』の諸作品にもよくうかがわれる。

一二例だけあげれば、たとえば、後漢代の張衡《ちょうこう》の「西京賦」に、上林苑《じょうりんえん》の広大さを述べるなかに、昆明池について、

日月是において出入し、扶桑と濛汜《もうじ》とに象《かたど》る。

という。日の出入りするほどの大きさだというのであり、「扶桑」、「濛汜」(日の入るところ)がそこにあるかのようだという。李善のつけた注には、「池の広大を言うのであって、日月がその池の中に出入するというのである。淮南子に日出暘谷拂于扶桑とあり、楚辞にも出自陽谷入于濛汜というとおりだ」とある。

また、同じ張衡の「東京賦」に、日の出を待つのを、「天光を扶桑に登ぐる《あ》を須《ま》つ」と言う。「扶桑」は『淮南子』がふまえられると李善は注する。さらに、世界の果てまで目を配ることを「左に暘谷《やうこく》を瞰《み》、右に玄圃《げんぽ》を睨《み》る」という。「玄圃」は崑崙《こんろん》山上にある仙人の居所であって、あい対して、「暘谷」は、世界の東の果てを表現するものとなる。

「日域」——東極の地

「暘谷」「扶桑」は、日の出る東の極をいい、世界の広がりを表現する。それは、日にかかわる語「日域」「日下」などとともにあった。

ともに東夷の極をいう語である。「日域」のはやい例として、漢代の揚雄の「長楊賦」(『漢書』、『文選』)に、帝徳のあまねくおよぶことを、西は月䶂《げつしゅつ》を厭《ふさ》ぎ、東は日域を震はす。

というのがあげられる。「月䶂」について「月の生まれる所なり」（服虔《ふくけん》）と注され、「日域」に「日の初めて出づる処なり」（顔師古）・「日出の域なり」（李善）・「日出の処、東に在り」（劉良《りゅうりょう》）と注されるように、世界の東西の極を表現するなかに「日域」はあった。

また、六朝宋代の鮑照《ほうしょう》の「舞鶴賦」（『文選』）に、

蓬壺《ほうこ》を指して翰《はね》を翻し、崑閬《こんらう》を望みて音を揚げ、日域を帀《めぐ》りて以て迴り鶩《は》せ、天歩を窮めて高く尋ね、神区を践《ふ》むこと其れ既に遠く、霊祀《れいし》を積みて方《まさ》に多し。

とある。「蓬壺」「崑閬」は仙山であり、「日域」「天歩」とともに（「日域・天歩、言ふこころは至りて遠きなり」という劉良の注がついている）、飛び翔る世界の広がりをいう。「神区を践むこと」云々は、一挙千里をもって飛翔し、年壽千年をこえると、鶴を称えるのである。

その「日域」は、李善の注がいうように、さきの「長楊賦」の「東は日域を震は

す」を踏まえると見るべきであろう。

「日域」と「扶桑」

その「日域」が「扶桑」と結びつくことになるのは当然ともいえる。初唐、盧照鄰《ろしょうりん》の「病梨樹の賦」(六七三年)に次のようにある。

天象は平らかに運《めぐ》り、方祇《はうぎ》は広く植《た》つ。芳桂は月輪に挺《ぬき》んで、扶桑は日域に横たはる。

「天象」・「芳桂」・「月輪」と「方祇」(地)・「扶桑」・「日域」とが、天の側と地の側とを対置して対をなす。天の運行は順調で、そのもとに地は広がる、桂は月のなかにそびえ、扶桑の木は日域に大きく広がる、というのである。

「日域」は、「扶桑」の地として、『淮南子』『山海経』の世界像と結びついて意味をもつのであった。

いわば世界表現であって、もとより特定固有の地をさすものではないが、それが文脈・場面のなかで具体性をもつ場合がある。

たとえば、『宋書』楽志に載せる傅玄「晋鼓吹歌曲二十二篇」の「遼東を征す」に、

遼東を征し、敵は據《よりどころ》を失ふ。威霊は日域に邁《ゆ》き、淵は既に首を授けたり。群《ぐん》逆《ぎやく》、膽《きも》を破り、咸《ことごと》く怖れを震ふ。

とあるのは、公孫淵を討って（魏による公孫氏平定は二三八年）、威が「日域」に及んだというのだから、当然公孫氏の地である遼東半島を具体的にさす。

また、『翰林学士集』（初唐詩を集めたもの。いまうしなわれたが、残巻が日本に存する）の、唐の太宗の高句麗遠征に関する作「春日望海詩」とそれにかかわる「応詔」詩の一群において、「扶桑」・「日域」が具体的には高句麗をさすものとしてあらわれる。そこには並んで同じ意味を担うものに「青丘」もあった。

「青丘」

「青丘」については、『山海経』の「海外東経」「大荒東経」に九尾の狐のいる所として見えるが、「海外東経」は「湯谷」「扶桑」の記事を載せることは前に見た通りである。

『淮南子』巻五「時則訓」には、

東方の極は、碣石山《けつせきさん》より朝鮮を過ぎ、大人の国を貫き、東、日出《につしゆつ》の次《じ》・榑木《ふぼく》の地・青土樹木の野にいたるまで、太皞《たいかう》・句芒《こうばう》の司どるところの者、万二千里。

とある。碣石山のさきの東夷の地はその果てまで、「太皞」（伏羲《ふつき》、つまり木徳の帝）、「句芒」（木の神）の司どる所だというのである。

東の果てをいうのに、「日出の次・榑木の地・青土樹木の野にいたるまで」という。「榑木」は扶桑のことだが、「青土」は王引之のいう如く（『淮南鴻烈集解』）、「青邱」とすべきものであって、世界の東極、日出の地をいうものとして、「青丘」は、「扶桑」さらに「日域」と連動していたのである。

それは、さきにふれた『翰林学士集』の「春日望海詩」にかかわる「応詔」詩のなかの上官儀の作の冒頭句、「青丘は日域に横たはる」となって、具体的に高句麗をさすものとしてあるのに見る通りである。

「日下」

漢代の字書『爾雅《じが》』「釈地」篇の「日下」もここに想起される。晋代の人郭璞(『山海経』に注をつけたことはさきに見た)が注をつけたものを見ると、

觚竹《こちく》、北戸《ほくこ》、西王母《せいわうぼ》、日下《につか》、これを四荒と謂ふ。〈觚竹は北に在り。北戸は南に在り。西王母は西に在り。日下は東に在り。皆、四方昏荒の国にして、四極に次《やど》るといへり。〉

とある(〈 〉内が郭璞の注)。

「日下」は東極にやどるものと解されるのであり、日の昇る扶桑の木の地であって、日の下たることをいうと考えられるが、この意味と合致した例はいまあげられない。むしろ、「日下の荀鳴鶴《じゅんめいかく》」(天子のお膝元の荀鳴鶴という名乗り。『世説新語』排調篇に見える)のように、天下を意味するほうが一般的と認められる。

しかし、郭注にいうような「日下」がありえたとしたら、「日域」とならぶものであることは了解される。

東夷日出の地「日本」

こうして見てくると、古代中国の世界像において、東夷の世界、東の果ての日出の地をいうところに、「日域」「日下」等とならんで「日本」がありえたと考えて、十分納得できるのである。

「本」は元来、木の根本をいう。「扶桑」とかかわらせて、「太陽は扶桑に出づ。則ち、この地自ずから日下たり。故に名づけて日本と曰ふ」と『日本書紀纂疏《さんそ》』（十五世紀半ば、室町時代の成立、一条兼良《いちじょうかねよし》の著）が解したとおり、「日本」は日の昇る木・扶桑のもとにある地をいうと解される。中華的世界像のなかに何の問題もなくおさまるのである。

『旧唐書』が、「日辺（日の昇るかなた）に在るを以ての故に、日本を以て名と為す」というのは、そうした認め方を示しているといえよう。

要するに、中華的世界像が「日本」の基盤なのであり、中国王朝側からすれば何ら支障なく許容できるのである。新旧『唐書』は、そのような「日本」の受け入れかたを示すものであった。「日本」ということが、日本側から持ち出されたとしても受け入れられるものだったということである。

なお加えていえば、武后の時代は、国号を唐から周にかえ、則天文字を制定するなど、すべて変革してしまおうという時代であった。「日本」への変更には絶好の機会であった。また、「倭」という一字の名より、周辺の王朝を、百済、新羅のごとく、二字で呼ぶように、二字の王朝名「日本」のほうが秩序として落ち着く。変更の許容には、これらもあずかっていたのである。

「日本」の選択と価値化

ここから、「日本天皇」として制度化された「日本」をふりかえってみよう。それは中国の世界像においてありえたものを引き取った（あるいは、選択した）のだといわねばならない。

しかし、たんに、中華的世界像において生まれた「日本」を受け入れ、それによって「倭」を変えることに成功したというだけでおわったのではない。見るべきなのは、東夷の極というのではない、自分たち自身にとっての価値を与え、意味づけ直したということである。その価値化は、『日本書紀』が、朝鮮との帝国的関係をになうものとして「日本」を意味づけ、「日本」の内実をつくって果たしたのだと、あらためて第二章をふりかえっておきたい。

＊なお、新出の資料「祢軍《でいぐん》墓誌」がある。これについては、参照、本書補論。

第四章　『日本書紀』講書のなかの「日本」

いままで見てきたとおり、「日本」は、大宝令において設定され、唐の承認を得たものであるが、中国の世界像のなかで生まれたものであった。平安時代の『日本書紀』講書においてもそのことは認識されていた。そうしたなかで、「日本」を問題とするのであるが、どういう納得をかれらは得たか。平安時代の人々にとっての「日本」として見たい。

1　『日本書紀』講書と「私記」

六度の講書

平安時代には、朝廷の主催する『日本書紀』の講読が繰り返しおこなわれた（史料では「読日本紀」という。以下たんに講書とする）。九世紀初から十世紀半ばまで、六度に及ぶのである。そのなかで、書名にかかわって「日本」が論議されたのであり、そこに平安時代の「日本」認識を見ることができる。

それは、「私記」（本書においてもここまで何度か取り上げた）を通じてうかがうこととなるが、そのために講書と「私記」について整理しておく必要がある。

平安時代の六度の講書の概要は、次のとおりである。

・弘仁三年（八一二）六月開講。弘仁私記序に弘仁四年とあるのが終講の年か。博士は多人長《おおのひとなが》。
・承和十年（八四三）六月開講。翌年六月終講。博士は菅野高年。
・元慶二年（八七八）二月開講。五年六月終講。六年八月竟宴《きょうえん》。博士は善淵愛成《よしぶちのちかなり》。
・延喜四年（九〇四）八月開講。六年十月終講。同年閏十二月竟宴。博士は藤原春海、尚復（博士の補佐）は矢田部公望《やたべのきんもち》。
・承平六年（九三六）十二月開講。天慶六年（九四三）九月終講、藤原純友・平将門の乱のために一時中絶し、延引した。同年十二月竟宴。博士は矢田部公望。
・康保二年（九六五）八月開講。終講は確認されない。博士は橘仲遠。

はじめ一年程度でおわっていたのが、元慶度でかなり様相がかわったことがうかがわれる。一時中断があったものの、三年余りの時間をかけ、終講を祝う竟宴がこのときから開かれることとなった。竟宴では、神や人物を主題にして和歌（竟宴和歌）が詠まれたが、これをまとめたテキスト、『日本紀竟宴和歌』がある（元慶六年のもの二首、延喜六年のもの四十首、天慶六年のもの四十一首を収める）。

講書は『日本書紀』本文を訓読して読み上げ、博士が講釈するというかたちですすめられた。その講義にかかわる覚書が「私記」である。講書にはそれぞれ「私記」が残されたはずであるが、実際に完全なかたちで見ることができるものはない。ただ、幸いに書名にかかわって「日本」を論議する部分は諸書に引用されるものがあって、かなり系統的にたどることができる。そうした整理からすすめよう。

現存する「私記」は承平度のもののみ

現在、『日本書紀私記』と呼ばれるテキストが四種類存し、区別のために、甲本、乙本、丙本、丁本と名づけられている。

甲本は、「弘仁私記」の序を巻頭に、全巻にわたって語句を抽出してカタカナでよみをつけた体裁のものである。カタカナ傍訓は弘仁時代のものとは到底認めがたく、その上、その語句の表記も『日本書紀』とは異なるものがあったり、『日本書紀』にはない語句があったり、元来の『日本書紀』ではない、変改されたテキスト（再編本）によったと考えられる。「私記」の序が付けられていたので「私記」と呼ばれてきたが、「私記」とは認められない。

ただ、序は、「弘仁私記」のものと見て支障なく、そこに付けられている割注には弘仁の講書が反映されていると考えられる。たとえば、「夫れ日本書紀は」というかきだしの下にはかなり長い「日本」についての注があるが、弘仁の講書の説として見ることができる。

乙本・丙本は一続きになるもので、乙本は神代上下巻から、丙本は神武―応神天皇の諸巻から、語句とその訓を抽出し、訓は万葉仮名で書かれてある。いわば和訓集である。平安時代の訓の集成といえるが、これも、講書から生まれた「私記」とは言えない。

わずかに丁本のみが元来の「私記」と考えられるものである。平安時代の古今集の注釈や、『釈日本紀《しゃくにほんぎ》』などに引用された「私記」の体裁を見ると問答体であるが、丁本も問答体であり、しかも、『釈日本紀』に引用された「私記」に丁本にあたると見られるものがある。いつの講書のものかということも、論議のなかに登場する人物から決定でき、承平度の講書のおりの「私記」と考えられる。

丁本は、書名論議の中途から第四段のオノゴロ嶋のところまで、ごく部分的にしか残っていない。丁本の他に「私記」そのものは現存しない。

ただし、「私記」を考えるてだてがないのではない。『釈日本紀』は「私記」を切り張りして成ったというべきものであり、これをもとに見てゆくことができる。


『釈日本紀』に引用された承平度の「私記」


承平度の「私記」は、丁本を、『釈日本紀』に引用されたものによって補って見ることができる。

『釈日本紀』と、丁本と呼ばれている承平度の「私記」とを見合わせると、同じ記事がある。一例をあげて対照しよう。

・丁本

問。倭国之中有南北二倭。其意如何。

師説。延喜説云。北倭可為此国。南倭女国。云々。此説已无証拠。未為全得。又南北二倭者是本朝南北之辺州也。无可指別由。

・『釈日本紀』巻一開題

問。倭国之中有南北二倭。其意如何。
答。師説。延喜説云。北倭可為此国。南倭女国。云々。此説已無証拠。未為全得。又南北二倭者是本朝南北之辺州也。無指別由。

問題の性格上原文のまま対照・比較した。傍線をつけたとおり、あわせて二字の違いがあるがほぼ同文である。

この問答は「南北二倭」ということを問題としている。問いは「倭国のなかに南北二倭があるというのは、どういうことか」という。これに答えて、博士は、「延喜の講書の説では北倭はこの国のことで、南倭は女国のことだとある。しかし、この説はまったく証拠がなく、納得できない。また、南北二倭というのは、わが国の南北のはずれをいうのであって、別なものである理由はない」というのであった。

南倭・北倭というのは、実は『山海経』の誤読から出てきたらしい。さきに見た『山海経』の海内北経の「倭」の記事は（参照、本書第三章1）、原文だと、「蓋国在鉅燕南倭北倭属燕」とある。それを「南倭北倭」と続くように読み誤ったことから生まれたと見られる。延喜の講書のような混乱もそれゆえに生じた。

『釈日本紀』は何によって引用したかを明示していないが、ひき比べて見ると、承平度の「私記」を利用していることは明らかである。

しかし、『釈日本紀』に引用されたものと、丁本とは、同じものと認められるものでありながら異なるところのある場合も少なくない。『釈日本紀』は引用にあたって手を加えたりしないから、『釈日本紀』が利用したのは、同じ承平度の「私記」だが丁本とは別な本（異本丁本）と考えねばならない。検討すると、その異本は、丁本が伝来のなかで変形されたものと認められる。

たとえば、「神代上」という標題について、丁本が、

問ふ。唯、神代と言はずして、上下に相別く。其の意は如何。
師説。周易に上経・下経有り。尚書に、盤康上下、泰誓上下等の篇有り。此の例に習ふと謂ふべきなり。

とするのに対応する、『釈日本紀』の記事（やはり出典を示さない）は、

問ふ。神代上下巻に分つ。其の意は如何。

答ふ。師説。第一巻は天神七代の事を載す。故に神代上と曰ふ。第二巻は地神五代の事を載す。故に神代下と曰ふ。周易に上経・下経有り。尚書に、盤康上下、泰誓上下等の篇有り。此の例に習ふと謂ふべきか。

とある。

傍線をつけたが、『釈日本紀』は、「天神七代」「地神五代」ということを持ち出して、上下巻の意味づけを与える。

「天神七代」「地神五代」は、『日本書紀』にあらわれるものではない。国常立尊《くにのとこたちのみこと》から伊奘諾尊《いざなきのみこと》・伊奘冉尊《いざなみのみこと》までを「天神七代」、天照大神から葺不合尊《ふきあへずのみこと》までを「地神五代」とするのは、中世テキストに広く見られる把握である。中世的な意味づけであり、元来の講書のものではなく、変形されたものと認められる（このことは、「東海姫氏国」をめぐって、後にも述べる。参照、本書第七章2）。

異本丁本といったが、もともとは承平度の「私記」なのである。しかも、『釈日本紀』の利用のしかたを観察すると、巻一「開題」つまり書名・成立等の総論部では、丁本と対応するものは、みな「私記」という断りもなしに用いる。もちろん、「弘仁私記序」「延喜公望私記」等、出典を明示するものもある。

なぜ、出典の標示がないのか。「開題」部では、異本丁本が土台であったからだとすると納得される。異本丁本の上に他の資料を切り入れていったというのが、この「開題」部の構成のしかたであり、切り入れたものは、何から採ったかを明示したと見てよい。

とすれば、逆に、「開題」部で、何によったかのことわりなしにあらわれる記事は、異本丁本であると考えられる。

さきに述べたように、丁本は書名論議の中途からしか残っていないが、こうして異本丁本と考えられるものによって、その前の部分も補うことができるのであり（変形を被っていることは留意しなければならないが）、承平度の講書についてうかがう手がかりができる。

延喜度の「私記」

延喜度の「私記」についても、『釈日本紀』「開題」、弘安本（兼方本）『日本書紀』書き入れに、「延喜日本紀講記」（弘安本書入れ。『釈日本紀』では「延喜講記」「延喜開題記」）の引用があり、「日本」にかんする問答を見ることができる。

さらに、『御鏡等事　第三末』（石清水八幡宮蔵）に引かれる、「延喜四年講日本紀博士春海記」がある。金沢英之（「石清水八幡宮『御鏡等事　第三』所引日本紀私記について」『上代文学』八〇号、一九九八年）が報告した資料であるが、やはり「日本」にかんする発言であり、「講記」と補い合うものである。

「公望私記」

元慶度の「私記」については、やや面倒であるが、「公望私記」の問題から言わねばならない。

矢田部公望は、さきに示したように、延喜度の尚復で、承平度の博士をつとめた。『釈日本紀』などに「公望私記」として多数あらわれるのは（「延喜公望私記」と呼ばれることもある）、この人の覚書である。そして、それは、たんに、ある講書のときの「私記」というのでない性格のものであった。

それは、まず「私記」を引き、それに対して公望が批判を加えるというかたちのものであったと見られるのである。

たとえば、『釈日本紀』の「国常立尊」の項はこうなっている。

公望私記に曰く（公望はミセケチ＝もとの文字を見えるようにしながら抹消す

る）、（中略）問ひて云ふ。古事記を案ずるに、国常立より以前に、先づ五柱の神人有るなり。而るに今、此紀は之を載せず。其の説如何。答へて云ふ。今此の紀の載せざる由は詳らかならず。
公望私記に曰く、古事記を案ずるに、此の五神の下の注に云く、此の五柱の神は別天神といへり。然れば則ち、古事記は惣べて天地初分の後化生の神を別くるなり。故に、高天原に居る所の神と雖も猶之を載するなり。今此の書は、独り初め地上の神の地下を治るものを取るなり。故に、天神の高天原に在るものに及ばざるなり。而るに先師伝へず。当に是れ漏れたるか。

先行の問答（なおいくつかの問答がこの前にあるが省略した）は、「古事記にはクニノトコタチ以前に五神がみえる（アメノミナカヌシ、タカミムスヒ、カムムスヒ、ウマシアシカビヒコヂ、アメノトコタチのことをいう）が、日本書紀に載せないのはなぜか」と問うのに対して、「その理由は未詳である」と答えたものである。「公望私記」は、その博士の答えを批判するものである。「古事記ではその五神を〈別天神〉というのだから、天地がわかれたあとに化生した神を区別しているのである。だから、天の世界・高天原にとどまる神であっても載せるが、この書は、地上の神であって地を治めるものだけをとっていうのである。だから、天神で高天原にあるものには言及しない。しかし、そのことを先師はつたえていない。これは漏れたのであろうか」という。

問答自体は、『古事記』と『日本書紀』の始発の神の違いに関するもので、クニノトコタチという神が共通しながら、『日本書紀』ではこの神が最初の神であるのに、『古事記』にはその前に五神が登場していることを問題とする。同じ話なのにどうして異なるのかというのであり、『古事記』『日本書紀』を一体として見る態度がうかがえる。他の箇所でもそうだが、『日本書紀』の解釈・訓みに『古事記』を引き入れることが講書のありかただったと受け取られる。

「公望私記」に即して言うと、前の問答（「私記」）と一連であって、切り離して見ると意味をなさないのである。つまり、もともと本体として「私記」があって、それに公望が書き入れをしたというかたちのテキストとして見るべきなのである。

そう見ると、この項では、引用するのに、はじめは「公望私記に曰く」としておきながら、「公望」をミセケチにしていることも納得できる。

また、乾元本（兼夏本）『日本書紀』の書き入れに、「公望私記」として引用するものを、『釈日本紀』がたんに「私記」として引くのも、さらに、十二世紀末の歌学書

『袖中抄《しょうちゅうしょう》』に、「日本紀公望注」とあるのが、『釈日本紀』ではたんに「私記」となるのもよくわかる。

要するに、元来はいずれかの講書の「私記」であった、それに公望が書き入れをして、全体が「公望私記」と呼ばれるようになった、ということである。『釈日本紀』は、そのもともとの「私記」と、公望の書き入れとは区別して、もとの「私記」を引くときはたんに「私記」としたのである。

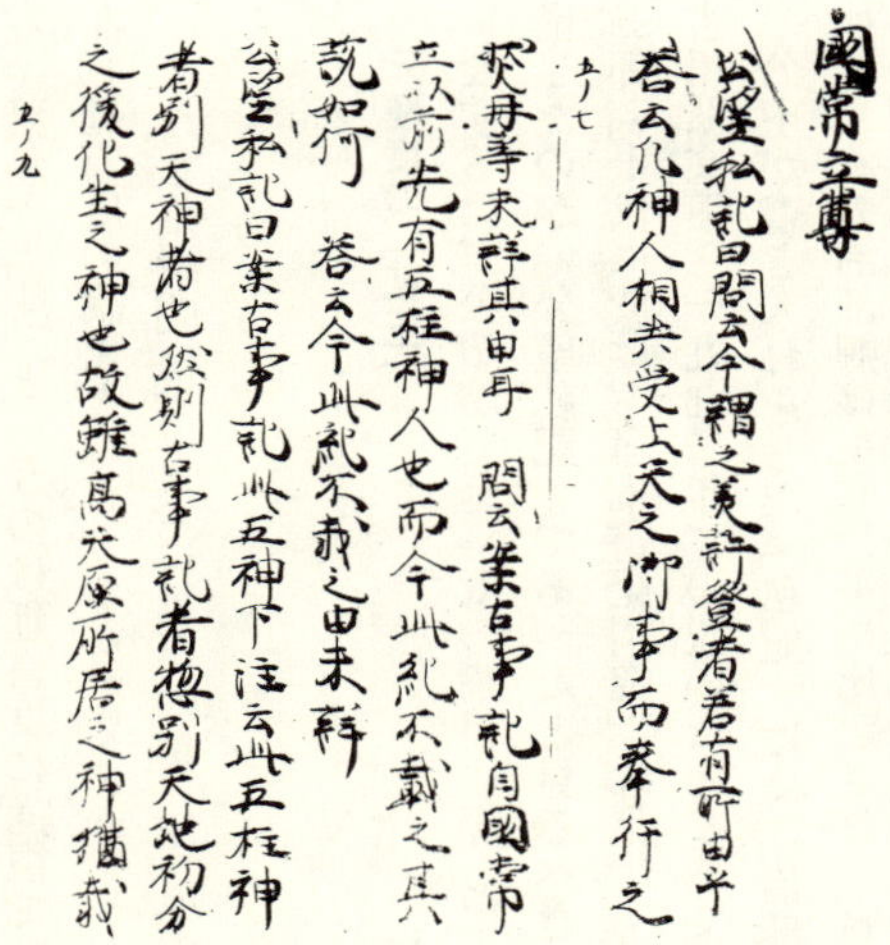
國常立尊
公望私記曰　問今稱之義許登者若有所由乎
答云凡神人相共受上天之御事而奉行之
五ノ七
然丹等未詳其由耳　問云案古事記自國常
立以前先有五柱神人也而今此紀不載之其
義如何　答云今此紀不載之由未詳
公望私記曰案古事記此五神下注云此五柱神
者別天神者也然則古事記者總別天地初分
之後化生之神也故雖高天原所居之神猶載
五ノ九

『釈日本紀』「国常立尊」の項（『釈日本紀』前田育徳会尊経閣文庫編刊影印本、吉川弘文館、1975より）

公望の名を冠しているし、「公望ひそかに案ずるに」といった言も見えるから、公望がつくったと認められるが、かれは何のためにこういうテキストをつくったのか。いつの講書の「私記」がもとになったのか。

「延喜公望私記」というのは延喜度に尚復であったことにかかわると当然予想されるが、延喜度の講書とはどうかかわるのか。

そうした疑問は、もとにしたのが元慶度の「私記」であったという点から解かれる。

元慶度の「私記」

要するに、公望が、延喜度の講書に際して、元慶度の「私記」に書き入れをして準備したのが「公望私記」であったと見るべきなのである。このことは、はやく太田晶二郎「上代に於ける日本書紀講究」(初出一九三九年。『太田晶二郎著作集　第三冊』吉川弘文館、一九九二年)の説いたところである。

公望が書き入れをした「私記」には「治部卿在原朝臣」とあるものがあり(『袖中抄』)、その治部卿は在原行平に比定され、官職にてらして元慶の講書のものと認められるのである。

『釈日本紀』に、たんに「私記」とするものは、この元慶の「私記」が多く、『釈日本紀』全体に高い比重をしめると思われる。

注意したいのは、「元慶私記」の編者が矢田部名実《なざね》であったということである。「愚実案ずるに」とか、「名実申して云ふ」といった言があって、編者を示すのであり、元慶の竟宴の参加者としてその名も見える（『西宮記』尊経閣文庫蔵本裏書）。この人が矢田部公望の近縁者であったことは容易に予測されるから（太田晶二郎は、父子だったかという）、その編んだ「私記」が公望に伝えられたものとして、「公望私記」の素姓は納得される。

公望は、延喜の講書の役のために、名実が編んだ元慶の「私記」をもとに学び、そこに書入れをして準備したのであった。

講書と「私記」――まとめ

こうして整理してみると、次のようになる。

弘仁度の講書の「私記」そのものは残っていないが、「弘仁私記序」として伝えられたもの（『日本書紀私記』甲本）によって、「日本」に関する論議をうかがうことができる。

承和のものは、元慶の「私記」において言及されるところであらわれることがあるが、ごく部分的で、「日本」について材料となるものもない。

元慶の「私記」は、『釈日本紀』に、「公望私記」とあるのと一続きのものや、「愚実案」などとあるものはここから出たことが確かだが、それ以外にも多くこれによっていると思われる。「日本」については、承平の講書のときとは異なる公望の見解とともに、要所は押さえられる。

延喜度に関しては、諸書引用の「延喜講記」「博士春海記」によって、「日本」についての論議を知ることができる。また、承平の「私記」(丁本、および、『釈日本紀』に引かれるもの)にも、前回の講書にあたる延喜説にふれることがあって、一部補うことができる。

承平度の講書は、丁本、および、『釈日本紀』に引かれるところによって、「日本」を含めて「開題」部の全体像をほぼ再現することができる。

2 講書のなかの「日本」論

「開題」部の全体像——承平度の講書

承平度の講書に即して見よう。

講書は、「日本書紀」という書名から説き起こす。「日本」はここで説かれるが、この最初の部分（『釈日本紀』にしたがえば「開題」）が、どういうふうに説かれたか。丁本、および『釈日本紀』に引く異本丁本によって、承平度の講書については、全体像をほぼ構成することができる。

その論議となった点を一覧化すると、次のようであったと考えられる。（5の中途から以後が現存する。4以前は再構成したもの。）

（1）書名全体
「日本書」「日本紀」でなく「日本書紀」とすることなど。

（2）「日本」

（3）「倭（大倭）」
「日本」はもと「倭」であったこと。

（4）「倭奴」
もと「倭奴」であったこと。

（5）「倭面国」「南北二倭」等
「日本」「大倭」「倭奴」の三名以外に中国が呼んだ名。

（6）「書紀」
二字を合わせてフミと訓むことなど。

（7）「巻第一」
マキノツイデヒトマキニアタルマキと訓むこと。
（8）撰者・編纂
史書の始め、撰修の際にもとにしたもの等。
（9）「神代上」
「神代」の意味、上下に分けること。

要するに、「日本書紀　巻第一　神代上」という標題を順におって説き進めるのである。

枠組みは各講書に共通

実質的に最後の講書となった承平度の講書には、回を重ねて成熟した論議を見ることができる。幸いなことに、これをベースにできるわけである。

全体を見ることができるようなものは他になく、断片的に残るだけであるが（比較的によく流れのうかがえるものは、「延喜講記」くらいである）、おおまかに言えば、大体の枠組みは各講書において同じであったと見て大過ないであろう。講書が回を重ねるなかで新しい要素を加えたりしながら定着していって、右の（1）～（9）のかたちとなったと言ってよいようである。

そして、問題の焦点となる（2）の項については、弘仁、元慶、延喜、承平の各講書のものを見合わせることができる。

「日本」を説いたものが多く引用されて残るのである。それは、関心がそこに向くからであった。以下、順を追って、「日本」がどう説かれたかを見てゆきたい。

「弘仁私記序」

まず「弘仁私記序」であるが、

日本国は、大唐より東に去ること万余里。日は東方に出で、扶桑に昇る。故に、日本と云ふ。

とあり、「古は、之を倭国と謂ふ。但し、「倭」の義は未だ詳らかならず」ともある。

大唐からの距離「万余里」というのは、『後漢書』等に楽浪郡境から「万二千里」とすることや、『魏志』に邪馬台国への里数を示すことに基づくと見られる。そして、その「日本」の解しかたは、中国の世界像によるものであることは、さきに見たところ（本書第三章）で納得される。

「延喜講記」・「博士春海記」

弘仁度のように解するのは、当然中国が「日本」と呼ぶことがはじめにあったととらえることによる。延喜度の講書では、そのことがはっきりと述べられる。弘安本『日本書紀』に書き入れられた「延喜日本紀講記」にこうある（三つの問答が載るが、第二の問答までは、『釈日本紀』にも、「延喜講記発題」として引かれる）。

問ふ。此の書、日本書紀と号《なづ》くること、如何。

説きて云ふ。本朝のことを書するが故に云ふ。

又問ふ。何ぞ倭書と云はずして日本書と云ふ。如何。

説きて云ふ。本朝の地、東の極に在りて日の出る所に近し。又嘉名《かめい》を取る。よりて日本書と号く。

又問ひて云ふ。□□を改めて日本と為すこと、唐国よりや、はた本朝よりや。

説きて云ふ。唐より号くる所なり。

第二の問答で、東極日出の地としての「日本」だとし、第三の問答に、倭を改めた(二字分が虫食いで読めないが、「倭号」あるいは「倭名」かと、文脈から推測される)のは、唐の側からだと断じるのである。

「博士春海記」(石清水八幡宮蔵『御鏡等事　第三』)には、

　今案ずるに、日本国は大唐楽浪郡より東十五万二千里。日は東方に出で、扶桑に昇る。此の国其の地に近し。故に日本国と云ふ、云々。又、此の国、日を生むなり。日本と号くるの由、云々。

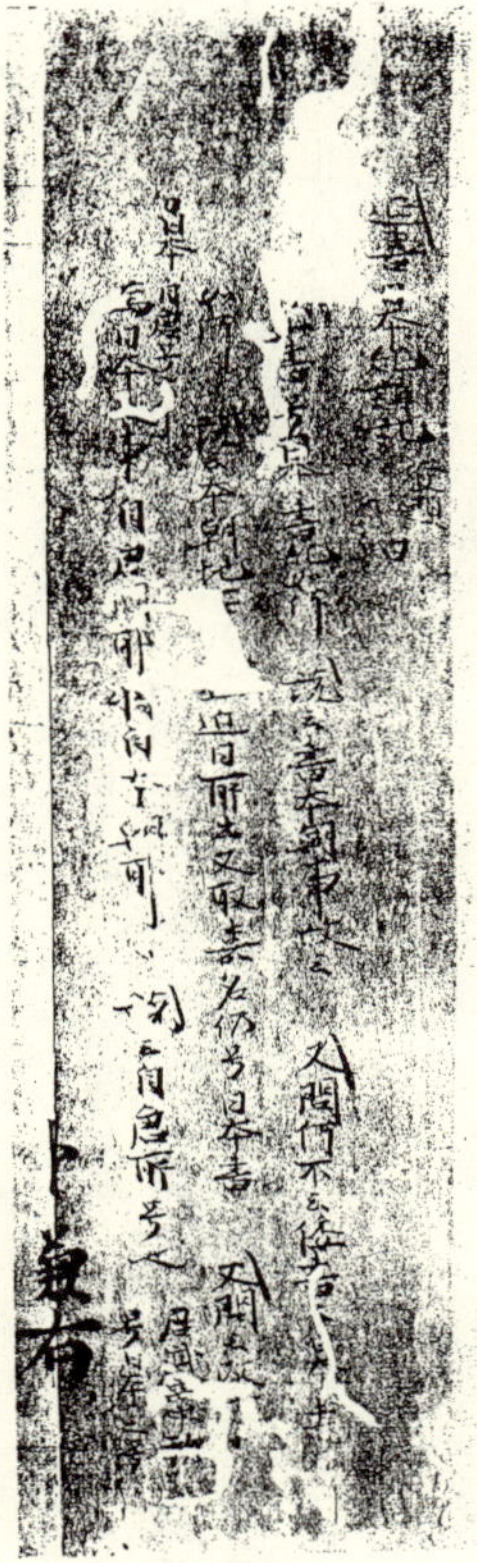

弘安本『日本書紀』に書き入れられた「延喜日本紀講記」(『国宝卜部兼方自筆日本書紀神代巻』法藏館、1971より)

とある。

前半は弘仁度と同じ説であり（距離を「十五万二千里」というのは何らかの誤りと思われる）、唐から「日本」と名づけたのだとする「講記」と無論一致する。後半も、当然他称の立場からのものと見なければならないが、「湯谷」（「甘淵」）が羲和の十日を生んだ地として（『山海経』。参照、本書第三章）、「日を生む」というのだと受け取られる。

承平度の「私記」

丁本には（２）が欠けていて、『釈日本紀』にも引用されない。引用しないこととしたその理由は後に述べるが（参照、本書第六章１）、（２）の論議の内容は、推測がほぼ可能である。さきに取り上げたところをふりかえりたい。本書第三章において、晋の恵帝のときに「日本」が見えるといった丁本の証言についてふれた（参照、本書六六～六八ページ）。

そのとき博士は、『隋書』東夷伝に、「日出づる国の天皇、謹みて日没する国の皇帝に白す」とあるのをもって考えれば、東夷にして日の出る地にある故に「日本」というのであろうか、と答えた。ここにあるのは、弘仁・延喜と同じ理解であり、むしろよりはっきりと、中国は「東夷」と見ているのだというのである。

　この問答は、実はなお続く。博士の答えを聞いた参議紀淑光は、念を押すように続ける。

　参議、又問ひて云ふ。倭国は大唐の東に在り。日出の方に見ゆと雖《いへど》も、今此の国に在りて之を見るに、日は域中《いきちゅう》に出ず。而るに猶日出国《なほひいづるくに》と云ふか。又、日本二字を訓みて倭《やまと》と云ふ。其の故は如何。

　その言わんとするところは、「唐から見れば、たしかに東の日の出る方にあるが、この国にあって言えば、日は国の中から出るわけではない。それでもみずから日の出る国などと言うだろうか。また、「日本」の二字をヤマトと訓むが、その理由はどういうことか」ということである。

「而るに猶日出国と云ふか」とは、それはありえないのではないかという問いかたであるが、これに対して、博士の答えはこうである。

　博士答えて云ふ。文武天皇の大宝二年は、大唐の則天皇后の久視三年に当たるなり。彼の年、遣使粟田真人等、大唐に入朝す。即ち、唐暦に云はく、是の年、日本国、使を遣はし貢献す。日本は、倭国の別名といへり。然れば則ち、唐朝、日出の方に在るを以て、号けて日本国と云ふ。東夷の極にして、因りてこの号を得たるか。

『唐暦』を見合わせながら、大宝二年の遣唐使がはじめて「日本」を確認できる例だとする。そして、唐が、日出の方にあるということで「日本」と名づけたというのであり、東夷の極たるゆえの名かという。答えは一貫しているといえる。自称ではありえないと、あらためて確かめているのである。

「日本」を自分たちの外に置く

こう見てくると、講書の主流は唐から名づけたと見る、他称説であったことがわかる。「日本」は、自分たち自身のなかに生んだものだとは考えていなかったのである。そして、そのなかでは、あくまで中国（唐）が名づけたというのであって、自分たちの問題としてあったということに目を向けようとはしていない。『日本書紀』に即して、「日本」の意義を問いもとめるということがない。またあとでふれなくてはならないが（参照、本書第五章）、「日本」を、みずからをあらわすものとしてそこに寄りついてゆこうとはしていないのである。

むしろ、「日本」を自分たちの外に置く——、それが講書のなかに流れる態度・認識であったといえる。

元慶度の説——「公望私記」

ただ、わかる限りでは、一度だけ、元慶度の講書において、自称説をとったことがある。

『釈日本紀』に引用された「公望私記」に次のようにある。

問ふ。大唐、此の国を謂ひて倭と為す。今日本と謂ふは、是れ唐朝の名づけたる所か、はた、我が国の自ら称したるか。

答ふ。（延喜講記に曰く、唐より号《なづ》くる所なり。）隋の文帝の開皇中に、入唐使小野妹子、倭の号を改めて、日本と為す。然るに隋皇、物の理に暗きに依りて、遂に許さず。唐の武徳中に至りて、初めて日本の号を号く。

延喜公望私記に曰く、隋書東夷伝を案ずるに、倭国は、百済・新羅の東南、水陸三千里に在り。大海のなかにおいて山島に依りて居る。三十余国、皆、王と称す。其の国境は、東西五ヶ月の行、南北三ヶ月の行にして、地勢は、東は高く西は下し。耶摩堆《やまと》に都す。則ち、魏志に所謂る耶馬台なる者なり。新羅・百済は、皆、倭を以て大国と為し、珍物多し。並びに敬仰し、恒に使を通はして往来す。大業三年、其の王多利思比孤《たりしひこ》、使を遣はして朝貢せしむ。使者曰く、「聞く、海西の菩薩天子、重ねて仏法を興すと。故に遣はして朝拝せしめ、兼ねて沙門数十人来りて仏法を学ばしむ」と。其の国書に曰く、「日出《ひい》づる処の天子、書を日没する処の天子に致す。恙無《つつがな》きや云々」と。帝、之を覧《み》て悦ばず、鴻臚卿《こうろけい》に謂ひて曰く、「蛮夷の書、無礼なる者有り。復《ま》た以て聞《ぶん》する勿《なか》れ」と云々。之に就《つ》きて之を案ずるに、既に自ら日出づる処の天子と謂ふ。大唐の名づくる所と言ふべからざるか。云々。

やや長い問答であるが、問いがあり、その答えに対して、公望が批判的な書き入れをしたという構造であることは、ここでも同じである。

問いは、「倭」を「日本」に改めたのは、唐か（他称）、我が国か（自称）という。答えは、「延喜講記」の引用があって、延喜のあとの講書＝承平度のもののように見える。

しかし、承平度の丁本は、さきに見たとおりはっきりと他称説である。だが、「延喜講記」の「唐より号くる所なり」（「延喜講記」はこの一文だけで「隋の文帝の」以下がそうでないことは、本書一〇八ページに見た「延喜講記」に照らしてはっきりしている）のあとに続く、この答えの本体では、小野妹子が改めようとしたのを隋帝が認めず、唐代にいたってはじめて「日本」と呼ばれることになったという。この答えの本体は自称説なのであり、延喜の説ではありえず、また、承平度の講書のものとも考えられない。

もし、「延喜講記」を引用したと認めると、これは延喜のあとのもの＝承平度のものとしなければならないが、それはできないのである。

文脈を検討してみても、他称説の「延喜講記」と、自称説の答えの本体と、相反する両者を、ここにあるようなかたちで、ひとつの答えのなかにそのまま並べることは考えがたい。

さきの引用にも（　）をつけたが、「延喜講記」の引用は、参考のために注記的に書き入れたものが本文化したと見るべきである。これを（　）にくると、問答は明確であり、「公望私記」の意図もはっきりする。

もともとの答えには「隋の文帝の開皇中」とある。公望は、それを批判し、『隋書』にてらして、煬帝の「大業三年」（六〇七年）と見るべきだというのである。それは、その記事に、倭の国書に「日出づる処の天子」とあるというからであった。公望は、我が国の側が自らそう言ったのであって、「日出づる処」＝「日本」が自称であることの証に他ならないという。自称説をより明確にしようというものである。承平度の博士としての立場とは違うのであり、公望は、承平以前には自称説に立っていたのである。

「延喜公望私記」のもとにあったのは、やはり、元慶の「私記」であり（自称説だから、延喜でも承平でもなく、元慶以外にない）、わかるかぎりにおいて、講書のなかではこの元慶度のものだけが（承和・康保度は不明）自称説をとる。

公望の転換と「日出づる処」

公望ははじめ自称説をとった。しかし、承平度の博士としては、他称説に立った。百八十度の転換である。

その転換が「日出づる処」の理解にかかわることは、見てきたところでもうあきらかであろう。

現在も、『隋書』の載せる、この国書の「日出づる処」を「日本」のはじめと見る（当然、中国が名づけたものなどではない自称として見る）向きがある。公望の転換をたどることによって、「日出づる処」ということの問題をはっきりさせよう。

3　「日出づる処の天子」

「日出づる処」ということ

『隋書』に載せられた、大業三年（推古天皇治世の十五年にあたる）の遣隋使の国書の「日出づる処の天子、書を日没する処の天子に致す。恙無きや云々」という文については、中国に対して対等の姿勢をもってなされたのであり、そのために、煬帝の不興を買ったというかたちで扱われることが多い。

この遣隋使の国書の「日出づる処」は、どう理解されるべきなのか。

煬帝の不興は、すでに指摘されてきたように、「天子」と自称したことに対してであった。東の果ての「蛮夷」の国王に過ぎないものが、対等に「天子」と称することなど、許せないのである。

では、「日出づる処」ということは、どういう意味があったか。
これについては、東野治之『遣唐使と正倉院』（岩波書店、一九九二年）の指摘があるとおり、仏典『大智度論』によったものである。

経の中に説く如くんば、日出づる処は是れ東方、日没する処は是れ西方、日行く処は是れ南方、日行かざる処は是れ北方なり。（『大智度論』巻十）

とある。つまり、「日出づる処」以下は東西南北を別なかたちでいうものである。それ故、国書においても「日没する処」とセットになっている。文飾という以上の意味をもつものではないと東野の言うとおりである。

仏典によったことの意味

ただ、仏典によったことの意味についてなおもとめるとすれば、仏典には、中華的世界像とは異なる世界像があったことを見るべきであろう。
中華的世界像というのは、さきに見たように、世界は、中国を中心として成り立ち、周辺にその文化に浴さない蛮夷のものがいるというものである。東にあっては

「夷」と呼ばれ（東夷）、倭もそこに位置づけられる。

仏典は、そうした価値観から離れた世界像をもつ。経の説く世界は、天竺（インド）・震旦（中国）も、すべて同時に成って、贍部洲《せんぶしゆう》のうちにあるとするもので、すべて同じ価値の一世界に他ならない。そのなかの東方、西方としての、「日出づる処」「日没する処」なのである。

その仏典の表現が、中華的世界における「東夷」ということから離れるものとして選ばれたと考えてよいかも知れない。

そうした点で、「日出づる処」と「日本」とは異なる次元にあると見なければならない。

公望の場合

公望の「日出づる処」理解に即していうと、「公望私記」においては、この国書の言こそ「日本」自称の証と見たのであった。

しかし、中華的世界における「日本」について見るなかで、かれは考えを変えた。それは、晋の恵帝のときに「日本」の号が見えるということを知った（丁本の証言。参照、本書第三章2）こともあるが、「日出」という意味理解とかかわっていたことが、丁本における参議紀淑光との問答によく示されている。さきに見たとおりだが（参照、本書一一一ページ）、淑光は、日が国のうちから出るわけではないのに自分で日の出る国などというだろうかと問うた。自分で名づけることばとは思えないということである。それを受け、公望も、唐が、日出の方に在るというのでそう呼んだのだと確かめる。外から（中国から）名づけたのであり、そこにあるのは東夷の極という位置づけだと見るほかないということに落ち着いたのである。

推古朝の遣隋使の国書「日出づる処」は「日本」自称の根拠となりえないことはこうして確認され、公望は他称説に転じたのである。

第五章　「日本」と「やまと」

講書では、東夷の極として中国王朝から「日本」と名づけられたのであり、「日本」の名はあたえられたものでしかないということに帰着した。『日本書紀』において、「日本」は、朝鮮を服属させる帝国としての自らを表象するものであった（参照、本書第二章）。それがうけいれられるかたちで、「日本」の名も認められてあったという建前であった。講書のなかでは、その帝国的な意義は問題とされていない。朝鮮との関係が空洞化したところでそうした「日本」はもはや有効ではないからである。

それは、「日本」に王朝の根拠をもとめることはできなくなったということにほかならない。「日本」は、自らを表わし、そこで自己を確認するものではありえなくなっていたのである。

講書では、「日本」を外に置いて、東夷の名としての「日本」から離脱する。それについて見てゆこう。

文字の意味を離れて「やまと」に向かう

では、「日本」を外に置いて（正しく言えば、外に置くしかなくなって）どこに向かったのか。

端的に言えば、「日本」によらず、そのもとにある倭語「やまと」に向かうのであった。

『釈日本紀』巻十六「秘訓」のはじめには、「日本」の訓みをめぐって、いくつもの「私記」が引用される。『釈日本紀』は、元来の「私記」の流れを解体して、訓みにかんする記事は別にしたらしく、この「日本」の訓みの記事も、もとは冒頭の書名の論議の一部であったと見られるが、その一つにこうある（いつの講書の「私記」かは確かでないが、元慶度のものか）。

問ふ。日本両字を夜末止《やまと》と之を読むは、音訓に依らず。若《も》し、字の如く比乃毛止《ひのもと》と読ましむれば如何。

答ふ。是れ、尤《もと》も其の義に叶《かな》ふ事なり。然るに先師の説、山跡の義を以て之を読む。輙《たやす》く改むべからず。又、此の書の中に大日本を訓みて大夜末止《おほやまと》と謂ふ。然れば則ち音訓の外と為すと雖《いへど》も、猶心を存して夜末止と読むべし。

問いは、「やまと」は文字の音や意味から出てこないのだから、むしろ文字に即して「ひのもと」と読むのはどうか、という。博士は、「日本」の文字の意味理解としてはそれが合うが、その文字の意味とは別に、「やまと」によって「山跡」という点で理解するべきだというのが先師の説であったから、たやすく改められない、と答えた。さらに、「大日本豊秋津洲」の訓注に「日本、此には耶麻騰《やまと》と云ふ」とあるから、音訓をはずれるのであっても、「心」、つまり意を取るものとしてそれでよいというのである。

本質は、文字の意味を離れて、「やまと」にあるというのである。その「やまと」において、どのような自己確認をはたすか、講書を追ってみたい。

「山跡の義」――「弘仁私記序」、承和・元慶度

講書のなかでは、「倭」も「日本」も、「やまと」に帰着させる。

「弘仁私記序」では、「日本」の義を説き、古は「倭」であったがその意味は不明だとしたうえで、通じて山跡《やまと》と謂ふ。山は之を耶麻《やま》と謂ひ、跡は之を止《と》と謂ふ。音は登戸《とこ》の反《はん》。下同じ。夫《そ》れ、天地剖判《ぼうはん》して泥湿《でいしつ》未だ燥《かわ》かず。是を以て、山に栖《す》みて往来す。因りて、蹤跡《しょうせき》多し。故に耶麻止と曰ふ。

という。「通じて」とは、「日本」も「倭」もということである。字は異なれ、ともに「山跡（やまと）」をもって解するべきであって、天地がわかれ、泥の状態でまだ乾かないとき、人は山に住んで往来していたので足跡が多かったことから、「やまと（やま・あと）」というのだと説かれる。

さきの『釈日本紀』「秘訓」の「私記」に「先師の説、山跡の義を以て之を読む」とあった「先師の説」がこれと同じであったことはあきらかである。それが、元慶度の「私記」だとすれば、弘仁の説を受けた承和度の「先師」説を、元慶度でもさらに受け継いだことになる。

「やまと」言説の発展――延喜度の講書の説

弘仁以来「山跡の義」によって読むことが定着したが、延喜度においてそれがより整理されたかたちとなった。

弘安本『日本書紀』書き入れ「延喜日本紀講記」、『釈日本紀』に引く「延喜開題記」を見合わせて再現すると（以下のAの問いが『釈日本紀』にはなく、弘安本『日本書紀』書き入れによって補った）、こういう問答であった。

A問ひて云ふ。本朝、耶摩騰《やまと》と号《なづ》く、如何。

説きて云ふ。師の説に、大倭国《やまとのくに》は草昧《さうまい》の始、未だ居舎《きよしや》有らず、人民、唯だ、山に拠《よ》りて居る、仍りて山戸と曰ふ、是れ山に留まるの意也、と。又、或説に云はく、開闢《かいびやく》の始め、土湿りて未だ乾かず、山に登るに至り、人跡著し、仍りて山跡と曰ふ、と。

B問ひて云ふ。諸国の人民、倶に山に拠りて居るや。はた、只、大和の国の人民、独り山に拠るや。

説きて云ふ。大和の国、独り此事有り。

C問ふ。本国の号、何ぞ独り大和の国を取りて、国号と為すや。

説きて云ふ。磐余彦《いはれびこ》の天皇、天下を定むること、大和の国に至りて、王業始めて成る。仍りて、王業を成すの地を以て国号と為す。譬《たと》へば、猶、周の成王、成周において王業を定め、仍りて国、周と号するがごとし。

D問ふ。初め国の始祖、筑紫に天降る。何ぞ国は偏《ひと》へに倭国《やまとのくに》を取りて国号と為す。

説きて云ふ。周の后稷《こうしょく》は邰《たい》に封ぜられ、公劉《こうりゅう》は豳《ひん》に居りき。王業、萌すと雖も、武王に至りて周に居り、始めて王業を定む。仍りて周を取りて号と為す。本朝の書も亦それ此の如し。

「やまと」言説の発展と言ってもよいような問答を見るのであるが、その大意を示せば以下の通りである。

「やまと」は、師の説では、世界のはじめにはまだ家もなく山を住みかとしたので、「山戸」の意味で「やまと」と言ったというのであるが、或説では、開闢のはじめのときは土がまだ乾いておらず山に登っていたが足跡があらわなので、「山跡」ということで「やまと」と言ったとする（A）。山に拠って住むというのは、諸国の人々がみなそうだったかというとそうでなく、大和国だけがそうであった（B）。さらに、他でもなく大和国を取って国の名としたのは、何故かというと、神武天皇が大和国で王業を成就したからである（C）。天皇の始祖は筑紫に降ったのに、その地の名をとらず、「倭国」を取って国号としたのは、周の王朝に関して、その祖先たちの拠った地でなく、武王が王業を定めた地である周をもって国号としたのと同じである（D）。「山跡」説からはやや変形されたが、趣旨は同じである。「やまと」という語源をもって一国大和の名の謂れを説くことから、それが全体の国号となるに至るまで、きちんと説明を果たしてまとまっている。中国の周と同じく、「やまと」は王朝の名として、国号だというのである。「やまと」王朝としての自己確認というべきであろう。

承平度の講書の説

丁本にも、『釈日本紀』の引用にも、承平度の講書の「やまと」をめぐる論議は確かめられない。

ただ、間接的に、それが、延喜の講書よりは弘仁の「山跡の義」に近いものとしてあったことをうかがうことができる。平安時代末の歌学書『和歌童蒙抄』に、

あし引とは、むかし天地さきわかれて泥湿いまだかわかず。仍《よ》りて山にすみてゆきかへる跡多し。故此国のはじめ名をやまとゝ名づけたる也。言は、山の跡と云也。委《くはしくは》見日本紀問答抄。

とあるのが、それである。

『御鏡等事　第三末』に、「日本紀問答」として、中国からの称の一つである「姫氏《きし》国《こく》」について丁本と同じ記事が載る。承平度の「私記」が「日本紀問答」とも呼ばれていたと見られるのであるが、いまの「日本紀問答抄」も同じものだと考えて差し支えない（このことについては、参照、本書第七章2）。

ここに見るのは、「弘仁私記序」を仮名文にしたといってよい内容である。「山跡の義」の伝統ということもできよう。

世界のはじまりの記憶

以上のように見てきて、それぞれの講書でやや違いがあるものの、講書全体を通じて「やまと」に自己確認をもとめていたことを認めるのである。

大事なのは、「やまと」の名が、かれらにとって、世界のはじまりのときの記憶をとどめたものとして語られるということである。

「山跡」であれ、「山戸」であれ、素朴な語源説であり、世界のはじまりのときの記憶というと大仰に聞こえるかも知れない。しかし、大事なのは、「やまと」は世界の始原にあったことをとどめたことばだと解釈していたということである。

そして、自分たちが何であるかということの確認をそこにこめていたということができる。そうした「やまと」にほかならない。それが、講書における解釈であった。

その解釈は、『日本書紀』のテキスト理解とはいえない。「日本」を、朝鮮諸国に対する大国たる所以をになうものとして成り立たせるのが、『日本書紀』であったが、講書は、そこから離れて自己確認を果たそうとしたのであった。

そのためにもとめた、平安時代における「やまと」として、講書にあらわれるものを見るべきである。それは、新しい解釈としての「やまと」言説というのがふさわしい。もとよりあった「やまと」を把握したものではありえない。

「やまと」は世界の名であるがゆえに、納得されうる物語をもたねばならなかった。見たような語源にかかわる物語がもともとあったのではない。本居宣長『国号考』は、

此国の名には、古よりとりぐ〱の説どもあれども、みなよろしからず、一つ二つ論はば、まづ書紀私記に、天地剖判、泥湿未乾、是以栖山往来、因多蹤跡、故曰山跡、山謂之耶麻、跡謂之止、又古語謂居住為止、言止住於山也といへるは、も

とより天下の大号と見ていへる説なれば誤なり、また泥湿未乾などいへるみな、ふるくより山跡と書ならへる文字につきて、おしはかりに設けたる妄説なり、泥湿の乾ざりし事も、山に住し事も、古書に見えたることなし、書紀神代巻に、古国稚地稚などいへる事はあれども、これは国も人もいまだ出来ぬさきの事なれば、山に住《すむ》などいふべき時にはあらずかし、

〈大意〉

国名についてふるくからあれこれの説があるけれどもみなよくない。私記にいうところは、「やまと」をはじめから全体の称として見ているから誤っている。また、「泥湿未乾」などというのも、「山跡」という文字から推測した根拠のない説だ。泥湿が乾かないということも、山に住むといったことも古書にはみえない。書紀神代巻に「古国稚地稚」ということはあるが、これは、国も人もまだできていない時をいうのであって、山に住むなどというような時ではない。

といい、さきにあげた「弘仁私記序」をもって講書の論議を代表させて（それは正当だ）、これを、「おしはかりに設けたる妄説」（推測をひろげた妄説）だと一蹴する。いわれるとおり、根拠もないのである。信じるために、世界のはじめの記憶をとどめ

るものとして、神話的な世界のはじまりの物語につないで作り出されたものといわねばならない。

内在する根拠への志向

それでは、元来の「やまと」とは何か。もとより「やまと」が、地名として現実にあったことは疑いない。しかし、その意味が何であったかは、わからないとしか言えない。

言えることは、講書において、『日本書紀』テキストから離れた解釈が、新しい「やまと」言説を更新・定着したということである。

見るべきなのは、外からの名づけは置いて、自分たちに内在するものによって、自己確認しようとする志向である。それは、「日本」そのものを、内在的に再確認しようとすることに向かわせることとなった。平安時代後期以後に、その新たな「日本」があらわれるのであった。

第六章 「日本」の変奏

自分たちに内在するものにおいて自己確認をもとめることが、講書の「やまと」論議の本質であった。そして、それは、平安時代後期以後、「日本」を自分たちの問題として組み立て直すこと（自称説の再構築＝「日本」の変奏）にもつながっていた。

1 『釈日本紀』の立場

『釈日本紀』のような切り貼りだけで成るものにも、「日本」を外に置くのでなく、自分たちから出たものとして見ようとする流れのなかにあることがはっきりとうかがえる。

「延喜講記」の引用

まず、「延喜講記」における書名をめぐる問答の引用に注意したい。本書第四章に取り上げたように（参照、本書一〇八ページ）、三つの「日本」をめぐる問答が弘安本『日本書紀』に書き入れられている。しかし、『釈日本紀』が引くのには、第三の問答が落ちている。「日本」と改めたのは唐からだ、と断じた問答が、『釈日本紀』には取られていないのである。

それが意図的に落としたものであることは、承平の「私記」の引用を見合わせると明らかである。

承平の「私記」の引用

次に、承平の「私記」の引用に注目しよう。

『釈日本紀』は「開題」部において、承平の「私記」を土台とするが、それは異本丁本であることは、本書第四章1に述べたとおりである。無条件に丁本と『釈日本紀』の引用とを比較することはできない。ただ、変形はあるが、異本丁本と丁本とは、構造上の基本は同じだと考えてよい。丁本と『釈日本紀』とを比べて、引用のしかたを考えることは、十分できる。

注意されるのは、『日本書紀』を読むのにどういう書を備えたらよいかという問答で「仮名日本紀」の名が出たことから、「日本」の名の問題が蒸し返されたところに関する引用のしかたである。

その問答で博士公望は、参議紀淑光とのやりとりにおいて、繰り返し、「日本」というのは東夷の極にある日出の地なることをもって唐が名づけたのだと述べている（参照、本書第三章2、第四章2）。公望の答えだけをもう一度掲げよう。

・然れば則ち、東夷日出の地に在るが故に日本と云ふか。

・然れば則ち、唐朝、日出の方に在るを以て、号けて日本国と云ふ。東夷の極にして、因りてこの号を得たるか。

中華世界像によって中国が「日本」と名づけたのだという、明らかな他称説であるが、これが『釈日本紀』には出てこないのである。『釈日本紀』には、どういう書を備えるかという問答自体を取り、また、「日本」についてのやり取りからもどって、「仮名日本紀」や仮名の起源を問題としてゆく問答も取るが、この部分はすっぽりと落とされてしまうのである。

なお、これに先だって、承平の「私記」には、「日本」の初見やその意味を、論議していたと思われる。参議紀淑光の「倭国を名づけて日本というが、その意味はどういうことか、また、この名はいつはじめてあらわれるか」という問いに対して、尚復が、

上代、皆倭国、倭奴国と称するなり。唐暦に至りてはじめて日本の号見えたり。発題の始め、師説かくの如し。

と答えている。同じ趣旨の博士の答えが以前にあったとわかるが、『釈日本紀』はそれも落としているのである。

そして、公望の説を、「公望私記」によって引くのであった。「公望私記」は、元慶の「私記」に公望が注を加えたものであるが、「日本」に関しては、元慶「私記」も、公望も、自称説の立場をとったことは、すでに見たとおりである（参照、本書一一三～一一六ページ）。

こう見てくると、『釈日本紀』が、元慶の「私記」を土台としながら、「日本」に関しては、自称説を取るために、それを「公望私記」と入れ替えたということは、もう明らかであろう。

他称説の排除

『釈日本紀』の引用のしかたには、他称説を排除するというはっきりとした意図があると言える。切り貼りの主体性といってもよいが、確かな立場をもって、「私記」が再構成されているのである。

「日本」は自分たちから出たとすることの明確な意識がそこにある。それはひとり『釈日本紀』の立場だったということではない。むしろ、『釈日本紀』の背景に、あらたな「日本」をめぐる認識（自称説の再構築）が動いていたことが見られるべきである。「日本」を自分たちのものとしてとらえなおそうとし、それが基軸となるなかにあったと見られるのである。

2　日神の国「日本」

神話と「日本」

「日本」を内在的に見ることに向かう、その動きのなかでかたちづくられたのが、

「日本」とは日神の国の謂いだというとらえ方であった。天照大神によって根拠づけられる、日神の国であることをあらわしたものだというのである。

それに対して、皇祖神アマテラスの神話をもとにして日神の国という、その「日本」こそ、元来のものであったのではないかと、言われるかもしれない。

たとえば、

> （「日本」は）七世紀後半のころから使われ始めた可能性がある。（中略）天皇は天照大神の子孫であるという記紀の神話の骨格が最終的に定められたのも、おそらくこの時期である。（中略）「日本」という国号が撰ばれた背景には、このような神話があり、まさに「日の御子」の治《し》らす国として「日本」という国号が定められたのである。（吉田孝『大系日本の歴史3　古代国家の歩み』小学館、一九八八年）

という説はわかりやすく、受け入れやすい。

しかし、そのように考えるのには無理がある。

『日本書紀』を見ても、「日本」は朝鮮との帝国的関係をあらわすものであって（参照、本書第二章1)、神話的物語と結びつくかたちではあらわれてこない。『古事記』には「日本」という称そのものが出てこないのであった。

奈良時代の人々にあっても、「日本」を神話と結びつけていた形跡がない。大宝令の「御宇日本天皇詔旨」についての「古記」に、「日本」に関しての注はなく、「御大八洲天皇詔旨」の「大八洲」について、「古記」は『日本書紀』の国生みの神話を引くのであった。「日本」は神話的に根拠付けられるものでなかったと見るべきであろう。

平安時代、承平度の講書の国名論議のなかでアマテラスが登場することがあるが、これも「日本」とは関係づけられていない。

それは、こういう問答であった。

問ふ。此国を姫氏国《きしのくに》と称すること、若し、其れ説有りや。

師説。梁の時の宝志《ほうし》和尚の讖《しん》に云ふ、東海姫氏国、と。又、本朝の僧善棹推《ぜんかうすい》の紀に云はく、東海姫氏国は、倭国の名なり、と。今案ずるに、天照大神は始祖の陰神なり。神功皇后は、又、女帝なり。此等に依りて、姫氏国と称す。

右の引用は丁本によった（『釈日本紀』にこれと同じ問答を引くが文言に大きな違いがある。この問題は後に述べたい。参照、本書第七章2）が、「東海姫氏国」という呼び名についての問答である。

「姫氏国」という呼び名について説があるかと問われて、博士は、この名は梁の時の宝志和尚が予言を述べたもののなかに「東海姫氏国」とあるが、本朝の僧善櫖推の注ではそれを倭国の名と解するのだと答える。そして、その名の意味を考えてみると、アマテラスが女神であり、神功皇后が女帝であったから、女性を尊ぶ「姫」をもって称したのだと言う。

ここで、アマテラスが「日本」ということの由来と関係づけて考えられていないことは明らかである。

日神の国説

日神の国として説くことがはっきりとあらわれるのは、平安時代も後期になってからである。状況的に見て、アマテラスの神話と結びつけるこの説は、はじめからあったのでなく、その段階であらたにつくり出されたととらえるのが妥当であろう。

平安時代後期に、宋に赴いた成尋《じょうじん》が、その入宋のことを記した『参天台五台山記』

の、熙寧五年（一〇七二）の条に見るのが、日神の国「日本」説のもっとも早いたしかな例である。そこには、宋の皇帝神宗の尋問を受け、それに対して成尋が答えた（問答は書面による）ことが次のように記されている。

本国の世系、神代七代は、第一、国常立尊。第二、伊弉諾伊弉冉尊。第三、大日《おほひる》孁貴《めのむち》、亦の名は天照大神。日天子《にってんし》の始めて生まれて帝王と為り、後、高天に登りて天下を照らす。故に大日本国と名づく。第四、正勝尊《まさかつのみこと》。第五、彦尊《ひこのみこと》。治三十一万八千五百四十二年。前王の太子なり。第六、彦火々出見尊《ひこほほでみのみこと》。治六十三万七千八百九十二年。前王の第二子なり。第七、彦瀲尊《ひこなぎさのみこと》。治八十三万六千四十二年。次に人代第一、神武天皇。治八十七年。前王の第四子なり。第七十一代、今上の国主。皆、神氏を承く。

「日天子」（観世音菩薩の化身で太陽を宮殿とする）ともかかわって、ストレートではないが、「日天子」＝日神アマテラスとして結びつけて、「日本」の名の由来を説くのである。

なお、ここに見る、「彦尊」＝ニニギ以下三代の治世年数は『日本書紀』には見えないが、「年代記」類のなかでの定型であった。たとえば、群書類従本『皇代記』（書き継ぎがあるが最終的には十四世紀後半の成立か）には、瓊瓊杵尊三十一万八千五百四十二年、彦火々出見尊六十三万七千八百九十二年、彦波瀲武鸕鷀草葺不合尊八十三万六千四十二年とまったくおなじ年数を示している（このほか、『仁寿鏡』等いくつもの年代記がおなじ年数をかかげる）。東征のはじめに神武天皇が「天祖の降跡《あまくだ》りましてより以逮《このかた》、今に一百七十九万二千四百七十余歳」というのを、日向三代に割り振ったものである。これは、そのはやい例である。

成尋より約百年前、雍熙《ようき》元年（九八四）に奝然《ちょうねん》が入宋していた。このことは、『宋史』日本伝に載る。この時、『王年代紀』一巻を献上したという。その『王年代紀』を、『宋史』にはかなり長く引用している。神代以来の天皇の代々を簡略に記すものであり、地誌のごときまで、その引用の最後に記される。とくに神々の系譜は、つぎに引用したが、特異で、『古事記』『日本書紀』とは全く異なるものであった。

初めの主は天御中主と号す。次は天村雲尊といい、その後は皆尊を以て号となす。次は天八重雲尊、次は天弥聞尊、次は天忍勝尊、次は瞻波尊、次は万魂尊、次は利々魂尊、次は国狭槌尊、次は角襲魂尊、次は汲津丹尊、次は面垂見尊、次は国常立尊、次は天鑑尊、次は天万尊、次は沫名杵尊、次は伊弉諾尊、次は素戔烏尊、次は天照大神尊、次は正哉吾勝速日天押穂耳、次は天彦尊、次は炎尊、次は彦瀲尊、およそ二十三世、並びに筑紫の日向宮に都す。(石原道博編訳『旧唐書倭国日本伝・宋史日本伝・元史日本伝』岩波文庫、一九八六年)

この神々の系譜は、「年代記」類ともまったく異なるのである。『古事記』『日本書紀』『先代旧事本紀』に見える名もあるが、全体としておおきく異なる。この問題にかんして有効な手がかりはいまあげられない。ただ、このような、神にはじまる天皇の系譜を入宋に際して用意していたことは、成尋もおなじだった。予想して準備したのである。

『隋書』倭国伝には、開皇二十年(推古八年〈六〇〇年〉)に倭王が遣わした使に対して、文帝がその風俗を問わしめたとあり、『日本書紀』斉明五年七月条に引く「伊吉連博徳書」には、このとき(六五九年)の遣唐使に対して高宗が謁見して問訊したことが記されている。外使に対してそうすることが当然予想されたのであり、斎然はそれに備えて準備したのであった。成尋に対しても皇帝から風俗・世系等について下問があり、それを予想し、答えるために、やはり、「年代記」のようなものを用意していったのである。

成尋のいう「神代七代」にしても、日向三代の治世年数にしても、『日本書紀』とは違うものとなっていて、簡略化というだけでなく変奏といわねばならない。そして、それは宋の皇帝に対して示すために用意されたのだから、公的な意味をもつものでありえたのである。はやく、延喜の改元を勘申した三善清行『革命勘文』（九〇一年）においても、正史そのものではなく、「年代記」によっていた。平安時代はじめから、実際に用いられるのが「年代記」であり（それは変奏されたものであった）、それが正史にかわって、公的に役割をはたしていたことを見るのである（この問題にかんしては、参照、小著『変奏される日本書紀』東京大学出版会、二〇〇九年）。「日天子云々」という国名の由来もそうした「年代記」のなかにあったものである。日神の国説は十世紀後半までにはかたちづくられていたのであった。

それが鎌倉時代までに一般化していたことは、十三世紀初頭の藤原良経の歌集『秋篠月清集』の、「わがくにはあまてる神のすゑなれば日のもととしもいふにぞありける」（大意——我が国は天照大神の裔の天皇の国だから日の本というのであるよ）というよく知られた歌などに見る通りである。

本居宣長の判断

こう見ると、日神の国としての「日本」が元来のものだという説はなりたちがたい。宣長『国号考』が、

日本としもつけたまへる号の意は、万国を御照らしまします、日の大御神の生ませる御国といふ意か、又は西蕃諸国より、日の出る方にあたれる意か、此二つの中に、はじめのは殊にことわりにかなへれども、そのかみのすべての趣を思ふに、なほ後の意にてぞ名づけられたりけむ、かの推古天皇の御世に、日出処天子とのたまひつかはしゝと同じこゝろばへなり、

という。日の神の国という意と、日の出るかたにあたることによるというのとの二つのなかで、後者をとるというのである。ただし、隋書の国書の「日出処」を持ち出して同じ趣旨だという（「日出処天子とのたまひつかはしゝと同じこゝろばへなり」）ことには承服できないところがあるが（参照、本書第四章2）、「そのかみのすべての趣を思ふに、なほ後の意にてぞ名づけられたりけむ」というのは（具体的ではないが、総合的に見ればというわけである）、判断として妥当だと納得できる。

ただ、宣長自身についていうと、『石上私淑言《いそのかみささめごと》』（宝暦十三年〈一七六三〉刊。『本居宣長全集』第二巻、筑摩書房、一九六八年）では、「日本」の名義について、

万国こと〴〵く光を仰ぎて、めぐみあまねき大御神の御国なる故に日の本つ国といふ意也。又西蕃諸国より見れば、日の出る方にあるも、をのづから其こゝろにかなへり。

と、明快に日神の国説に立っていたのであるが、『国号考』では転換したのであった。

日神の国説の定着

自分たちに内在したものとして神話的に根拠づけるという点で、この日神の国「日本」説は、中世にはひろく受け入れられることとなった。と同時に、東の果てなる日出の国という説をもあわせて受けつぐという状況のなかにあった。

十四世紀にはいって、『神皇正統記』に、

大日孁《おほひるめ》のしろしめす御国なれば、其義をもとれるか、はた日のいづる所にちかけ

れはしかいへるか。

とある通りである。『神皇正統記』は、「大日本は神国なり」という宣言で始まることで知られる。それにかかわらず、「大日霎のしろしめす御国」という一点に集約することなく、両説併記なのである。日出の国説の強固さがよくわかる。

そのなかで、『日本書紀纂疏《さんそ》』は、「東海中に在って日の出る所に近い」という解を第一に掲げ、「陰陽二神が日神を始めて生んだことによる」という理解等を並置するのであったし、吉田兼倶のように、

天照大神ハ、アルシソ。他国ヨリモ、日ノ本ト云ソ。日神ノ開ク国ソ。自称ハカリテハナウテ、他国ヨリ、日本ト云ソ。

と言いつつ、

吾邦《わがくに》ハ日神ノ主テ、ヲリアルホトニ、日本ト云ソ。太陽ニスクル、物ハ、先ニナイソ。コトニ小国チヤカ、始チヤイハレソ。物ハ始ハ小ヨリ大ニ及ソ。コチヲ外

国ヨリ日本ト云ソ。（『神書聞塵《しんしょもんじん》』文明十三〈一四八一〉年の講義聞書。神道大系『日本書紀註釈（下）』神道大系編纂会、一九八八年）

と、あくまでも日神の国が本義であり、それを外国からも「日の本」と言ったのだと、日神の国・日出国を、強引にひとつにして説明しようとするものもあった。

また、清原宣賢《のぶかた》『日本書紀抄』（『天理図書館善本叢書　日本書紀纂疏・日本書紀抄』八木書店、一九七七年）が、

日本ト号スル事ハ、日神ノ出生シマシマス本国ナレハ、日本ト号ス、外国ヨリ、日本ト号スルハ、其義異ナリ、日ノ出ル処ニ近キ国ナレハ、日本国ト云也、

というのも、何とか両説を共存させようという試みであった。

こうしたなかに日神の国「日本」の定着があった。

3　大日如来の本国「大日／本国」

「大日／本国」説の成立

日神の国説とともに「日本」を内在的に根拠づけ、再構築するうごきとして注目しておきたいのは、「大日／本国」説、つまり、この国は大日如来の本国だから「大日本国（大日の本国）」というのだとする説である。

仏教の立場から、この国における密教流布の必然性を説くものとして、密教教団のなかに作られたものである。中世に広く行われたが、伊藤聡「大日本国説について」（『日本文学』五〇巻七号、二〇〇一年）によれば、この「大日／本国」説は、平安時代、十一世紀後半にはすでに生まれていた。

卜部兼文《うらべかねふみ》（『釈日本紀』の編者卜部兼方《うらべかねかた》の父）が一二七四年・一二七五年のころ一条家の人々に対して行った講義の筆録（『釈日本紀』に載せられている）に、

先師、説きて云はく、天照大神の御本地、大日たるの条、炳《あき》らかなりといへり。

大、仰せて云ふ。大日本国は、真言教に、大日の本国の心と云々。今の文、符合す。殊勝の事なり。

とあるのは、その定着をよく示すものである。「先師」は兼文のこと、「大」は「大殿」の略称ですでに引退していた一条実経のことだが、両者は、アマテラスが大日の本地であり（神は仮の姿として現れたもので仏が本体だと考える）、大日本国とは大日の本国というのだと確認し合っている。

国作り神話の作り直し

これは、自分たち自身のなかにある価値を、「日本」（大日本国）という名において確信しようとしたものであった。

そして、国作りの神話をつくり直した神話的言説を得て、この「大日／本国」説が定着することを見る。

たとえば、『沙石集』巻一「太神宮の御事」に、こうある。

去《さり》し弘長《こうちやう》季中《ねんぢう》に、太神宮へ詣《まう》で侍《はんべ》りしに、ある神官《じんぐわん》の語りしは、「当社《たうしや》には三宝《さんぼう》の御名《みな》を言はず、御殿《ごてん》近くは憎なれども詣でざる事は、昔この国いまだなかりける時、大海《だいかい》の底に大日《だいにち》の印文《いんもん》ありけるによりて、大神宮御鉾《ほこ》さしくだして探《さぐ》り給ひける。その鉾の滴り、露《つゆ》の如《ごと》くなりける時、第六天《だいろくてん》の魔王《まわう》遥《はる》かに見て、『この滴り国と成りて、仏法流布《ぶつほふるふ》し、人、生死《しやうじ》を出《い》づべき相《さう》あり』とて、失《うしな》はんために下《くだ》りけるを、大神宮、魔王にあひて、『我三宝《われさんぼう》の名をも言はじ、身にも近づけじ。とくとく帰り上《のぼ》り給へ』とこしらへ仰《おほ》せられければ、返《かへ》りにけり。（以下略）（小島孝之校注『沙石集』新編日本古典文学全集、小学館、二〇〇一年）

弘長年中は一二六一―一二六四年のことである。伊勢神宮において仏教を忌避する理由は、仏教を擁護するためだというのである。アマテラスが海底に大日の印文を見て鉾をさし下ろして国を作ったといい、その国が仏法流布の地となることを妨害しようとした魔王をあざむくために仏教を近づけさせないと誓ったというのである。鎌倉時代にこのような話があったのである。

ここでは国名の由来というかたちがあらわれていないが、アマテラスを大日如来にかかわらせて、国つくりの神話が仏教的に変奏されている。

そうした大日如来にかかわる国作りの変奏が機軸となって物語が発展的に作りなさ

れてゆく。たとえば、鎌倉時代末の『古今和歌集灌頂《かんじょう》口伝』に、

昔伊弉諾・伊弉冉の尊天に住給し時、仏法流布の地を尋給しに、天竺の東北の角に当て海水瑠璃のごとく光りて見えければ、二神あやしみて彼所を見給に、大日の印文あり。此を仏法流布の所なるべしとて、天のうきはしの上にて天の瓊《ぬ》鉾《ほこ》を下してあをうなばらをかき給しに、大海の底にあしの根あり。依之《これによりて》、豊葦原国《とよあしはらのくに》と名付給たり。（略）大日の印文のうへなれば、大日本国と名付。（片桐洋一『中世古今集注釈書解題（五）』赤尾照文堂、一九八六年）

とある。天竺の東北の角の海底に大日の印文が見えたことによって仏法流布の地といって瓊鉾を指しおろしたといい、大日の印文の上の国だから、大日本国と名付けたという。もとより、『古事記』『日本書紀』のイザナキ・イザナミの話には大日の印文や、葦の根のことはない。変形された国作り神話である。

また、室町時代末の『神道由来の事』に、イザナキ・イザナミが矛を指しおろして国を得たあとのこととして、

国はあり、名をばなにといふべきと、御ちかひあり。かの国の中にあたりて、大日如来の智拳《ちけん》を結び給ひて、さし給ふ。これを御覧じて、さればこそ、この国は、三身相応の国なり。末代結法、成就の地なり。めでたき国なれば、いかにもして仏法をひろめむとて、大日さし給ふくになれば、大日本国と名づけたり。

(横山重編『神道物語集』古典文庫、一九六一年。表記は一部なおした)


とあるのも、変奏のひとつのかたちである。

やや違いがあるものの、大日如来とかかわらせて、イザナキ・イザナミの国つくりの神話を変奏したかたちで、「大日／本国」として国名の由来を説くことが、中世には広く定着していたのであった。

本質は自己確証にある

それは、古代神話の中世的仏教的変奏といえばそうではあるが、肝心なことは、世界の根拠をどこに見出すかということであった。

朝鮮との大国的関係が空洞化し、意味を失った古代的帝国的世界像を離れて、どこに、世界と、世界における自己の位置づけをもとめるか。同時所成の世界という、経の説く普遍的世界に依拠したとき、天竺・震旦と同じ価値をもってならぶ自分たち（一世界としてあるということ）を信じることができるということであった。

そのなかで、そもそものはじめから、大日如来の国として約束された地だと、神話的に根拠づけようとするのである。根拠は自分たちの内側で確信されねばならないから、神話的物語とともに、「大日本国」という名によって約束されていることを確認しようとしたのである。

なお、アマテラス＝大日如来とするところで、それが、日神の国「日本」説とつながりあっていたことも見忘れないでおきたい。「大日／本国」説は、日神の国「日本」説の発展した、ひとつのすがただということもできよう。

第七章　「東海姫氏国」ほか

1　さまざまな呼称

「日本」以外にさまざまな呼称があったと問題にすることが講書からずっとあるが、その展開についても目を向けておきたい。

講書にあらわれるもの

講書における国名論議の実際がよくうかがえるのは、承平度の講書である。本書第四章に述べたとおり、現存『日本書紀私記（丁本）』は承平度講書の「私記」と認められ、『釈日本紀』に同じ「私記」が引用されたと見られるものがある。ただ、異同があって、『釈日本紀』が引用するのは異本（異本丁本）と見るべきである。そして、『釈日本紀』は、「開題」部においてこの異本丁本を土台にしていたと認められるのであり、承平度講書の「日本」をめぐる論議の全体を再建することができる。そこでは、中国からさまざまな名で呼ばれていたことを論議するのであった。

まず、「日本」を問題とし、つぎに、もと「倭」と呼ばれていたことをふまえて、「倭」字の意味は如何か、「倭」から「日本」への転換は自称か他称か、「倭奴国」と呼ばれるがその意味はどうか、ワヌの号は隋の代から起ったのか、とすすめ、そのあとに、

問ふ。大倭・倭奴・日本、三名の外、大唐、別に此の国を称する号有りや。

と、いままで問題にしてきた大倭・倭奴・日本のほかにこの国を呼ぶ号があるか、という問いを受けて、「耶馬台」「倭面」等について取り上げるというのが、論議の流れであった。

そこで国名として問題とされたものを列挙すれば、「日本、倭、倭奴、倭面、耶馬台・耶摩堆・耶靡堆、南北二倭、姫氏国」となる。すべて、中国文献に見えるものであった。

「倭」「日本」以外のものにかんして簡単にふれておくと、「倭奴」は、『後漢書』に

「倭奴国王」（光武紀中元二年）「倭奴国」（倭伝）とあるのによる。「倭／奴国」（倭の奴国）と解されるものを、「倭奴」と続けてしまったことから生じたものである。しかも、その説明は、中国に行った者がお前の国の名はどういうのかと問われて、東を指して我が国のつもりで「わぬ国」と言ったことによるとある。宣長『国号考』が「信がたき説なり」と一蹴したように、説自体はこじつけに過ぎないが、文の区切りをあやまって、ありもしない名を生んだという点で、「南北二倭」もおなじであった（参照、本書九四ページ）。

「耶馬台・耶摩堆・耶靡堆」が皆「倭＝やまと」に由来することは丁本の説くとおりである。

「倭面」も、『後漢書』安帝紀永初元年条に出るという。

又問ふ。倭面の号、もし所見有りや。

という問いに対して、博士は、「後漢書云。孝安皇帝永初元年冬十月、倭面国遣使奉献」とあると答えているのである。しかし、現行の『後漢書』には、たんに「倭国」とあって、問題は単純ではない。このことについては、西嶋定生『倭国の出現――東アジア世界のなかの日本』（東京大学出版会、一九九九年）にくわしく述べられている。

「姫氏国」はあとで詳しく見る（本章2）。

講書後――『神皇正統記』

講書後を見ようとすると、正面から取り上げたものは、時代を下げて南北朝・室町時代のテキスト（『神皇正統記』、『日本書紀纂疏』等）に見るほかなくなるが、それらについて見れば、講書との違いは明白であろう。

十四世紀前半の『神皇正統記』は、冒頭、「大日本は神の国なり」と書き起こし、「神の国」という所以を述べて「神代には豊葦原千五百秋瑞穂国《とよあしはらのちいほあきのみづほのくに》といふ」と続け、それを説明し、さらに「又は大八洲《おほやしま》といふ」、「又は耶麻土《やまと》といふ」といい、「漢土より倭と名《なづ》けける事は」を挿んで、「又此国をば秋津洲《あきつしま》といふ」、「此外もあまた名あり。細戈《くはしほこ》の千足《ちだ》る国とも、磯輪上《しわかみ》の秀真国《ほつまくに》とも、玉垣の内国《うちつくに》ともいへり。又扶桑国《ふさうこく》と云名もあるか」と、説明を加えながら列挙する。

「豊葦原千五百秋瑞穂国」「大八洲」「耶麻土」は降臨・国生みの件からとって神代の称として挙げ、「倭」は、のちに字書が伝えられたときこの国の名に用いていたのをそのまま受け、「やまと」と訓じてきたとする。「倭」としたのは、はじめて漢土に行った人が、お前の国の名は何かと問われ、「吾国は」と言ったのを聞いて、「わ」を国の名と受け取り、「倭」をあてたというのである。講書の「わぬ国」説の変形といえるような説である。

「日本」も、漢字の伝わった後に「やまと」を書くものとして定めたというのだが、「大日孁《おほひるめ》のしろしめす御国」の意か、「日のいづる所にちかければしかいへるか」は留保する。

「秋津洲」「細戈の千足る国」「磯輪上の秀真国」「玉垣の内国」はみな『日本書紀』神武天皇条に出る。その三十一年四月条に、

腋上《わきがみ》の嗛間丘《ほほまのをか》に登りまして、国の状を廻らし望みて曰はく、「妍哉乎《あなにや》、国を獲《え》つること。内木綿《うつゆふ》の真迮《まさ》き国と雖も、猶《なほ》し蜻蛉《あきづ》の臀呫《となめ》の如くにあるかな」とのたまふ。是に由りて、始めて秋津洲の号有《な》り。昔、伊奘諾尊、此の国を目けて曰《なづ》はく、「日本は浦安の国、細戈の千足る国、磯輪上の秀真国」とのたまひき。復大《またおほ》己貴大神《なむちのおほかみ》、目けて曰はく、「玉牆《たまがき》の内つ国」とのたまひき。

とあるのによるものである。

国の名が自己確認の根本にあることを自覚しているのであり、ここでは、国の名と見られるものを、神話的呼称まで含めて集めながら、それらを自身の内部に負うという点で確かめようとしている。どういう目の向けかたかという点で、大きく異なるものとなっている。そこに、「日本」の変奏に働いていたのと同じ、内在する根拠への志向を見るべきなのである。

『日本書紀纂疏』

そうしたなかに『日本書紀纂疏』（十五世紀半ば）もあった。ただ、『纂疏』は、自己の立場を押し出すより、すべてを整理し体系化して見せる。

「日本」については、「一釈義、二倭訓、三別号」にわけて、ありえた諸説を総ざらえして整理する。「別号」に関しては、「凡そ、吾が国の名は、倭漢を通じて十三有り」として、「倭国」「倭面国」「倭人国」「耶馬台国」「姫氏国」「扶桑国」「君子国」の七つは「倭漢の通称」、「豊葦原千五百秋之瑞穂国」「豊秋津洲」「浦安国」「細戈千足国」「磯輪上秀真国」「玉垣内国」の六つは「倭国の独り称する」ものとされる。講書以来のものから『神皇正統記』が取り上げた『日本書紀』にあらわれるものまで、すべて取り集めて、この国だけに行われたものと、和漢通用のものとの区別を与えて整理したのである。一見して客観的に見えるが、「倭国の独り称する」ものを立てたところに、内在する根拠をもとめてゆくなかにあることを受け取るべきである。

清原宣賢『日本書紀神代巻抄』（十六世紀前半）は、『纂疏』の整理をそのまま継承しながら、「日本国」を加えて「凡吾国ノ名十四アリ」として、「神代ヨリノ名ニシテ我国バカリニ称ス」ところの「豊葦原千五百秋之瑞穂国」以下「玉垣内国」までの六を先立てた。『纂疏』に十三としたのは、「日本」を前提とし、それを特別なものとして外に置いたうえでのかぞえかたである。宣賢が、「日本国ト云ヲヌトシ玉ヘル歟」と批判するのはあたらないが、和漢通称のものより「神代ヨリノ名」で「我国」だけで称したものをさきに置いたときに、『纂疏』の整理のなかに抱えられていた方向は、よりはっきりとあらわしだされたといえる。

さまざまな呼称をめぐる言説の展開も、「日本」の変奏と軌を一にするといってよい。そのなかで、注目したいのは「東海姫氏国」である。

2　「東海姫氏国」――「野馬台詩」解釈をめぐって

丁本の改変

承平度の講書では、「東海姫氏国」(東海の姫氏の国、つまり、東海にあるところの姫姓の国、の意)という称が取り上げられる。先にも見たが、丁本にこうあった。

問ふ。此国を姫氏国と称すること、若し、其れ説有りや。
師説。梁の時の宝志和尚の讖《しん》に云ふ、東海姫氏国、と。又、本朝の僧善樺推の紀に云はく、東海姫氏国は、倭国の名なり、と。今案ずるに、天照大神は始祖の陰神なり。神功皇后は、又、女帝なり。此等に依りて、姫氏国と称す。

これに対応するものが、『釈日本紀』にある。

問ふ。此国を、東海女国と謂ふ。又、東海姫氏国と謂ふ。若し其の説有りや。

答ふ。師説。梁の時の宝志和尚の讖に云はく、東海姫氏国は、倭国の名なり、と。今案ずるに、天照大神は始祖の陰神なり。神功皇后、又、女主なり。此等の義に就きて、或は女国と謂ひ、或は姫氏国と称するなり。東海と謂ふは、日本、大唐より東方に当たるの間、唐朝の名づくる所なり。

両者の間には、傍線を付けたように、大きな相違がある。第一に、丁本は、「東海女国」についてはふれない。第二に、丁本は、「東海姫氏国」の「東海」を問題にすることがない。第三に、『釈日本紀』には、「本朝僧善榑推紀」のことが出てこない。たんなる誤脱といえない相違である。それは、『釈日本紀』が引くテキストの問題であり、『釈日本紀』が引いたのは、同じ承平の「私記」だが、後世的変形を被った異本丁本と見るべきことはさきにも述べた。

『御鏡等事　第三末』に、「日本紀問答」から引いたという、丁本の「姫氏国」の件と合致する記事がある（金沢英之「石清水八幡宮『御鏡等事　第三』所引日本紀私記について」『上代文学』八〇、一九九八年）。問いの文にあたるところは、

此の国、姫氏国と称するは如何。

とあって少異があるが、答えのほうは、『釈日本紀』と丁本とのおおきな異同に関して完全に丁本と一致する。

この「日本紀問答」の名は、はやくから知られていた。勘解由小路《かでのこうじ》（広橋）兼仲《かねなか》の日記『勘仲記』の弘安元年（一二七八）十月二十二日条に、藤原兼平、一条家経らが平等院経蔵に赴いたさい、「日本紀問答」なる書を見出し、綴じ糸を取りほぐし分けて、分担して写したという（参照、和田英松『本朝書籍目録考証』明治書院、一九三六年）。「問答」の称は、「私記」が問答体であることによる。『和歌童蒙抄』に引く「日本紀問答抄」がこれと同じものではないかと思われ（太田晶二郎「上代に於ける日本書紀講究」『太田晶二郎著作集　第三冊』吉川弘文館、一九九二年。初出一九三九年）、『御鏡等事　第三末』に引かれるのも、それだと見てよい。宇治平等院経蔵に秘蔵されていたのであり、丁本と一致したそれは伝来のあいだに改変をうけることがなかったすがたと見るべきであって、丁本の改変がここにあきらかにうかがえる。

「東海姫氏国」問答の改変

「東海姫氏国」の問題についてその改変を整理しておこう。

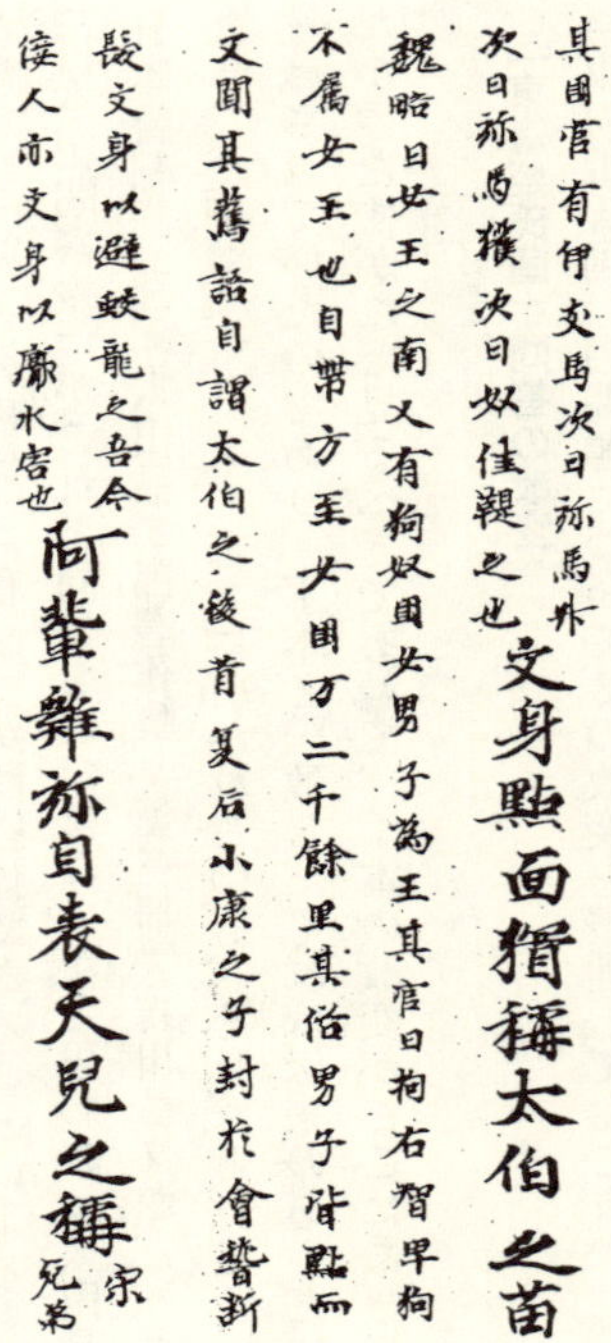
其国官有伊支馬次曰弥馬升文身黥面猶稱太伯之苗
次曰弥馬獲支次曰奴佳鞮之也
魏略曰女王之南又有狗奴国以男子為王其官曰拘右智卑狗
不属女王也自帯方至女国万二千餘里其俗男子皆黥而
文聞其舊語自謂太伯之後昔夏后少康之子封於會稽断
髪文身以避蛟龍之害今
倭人亦文身以厭水害也阿輩雞弥自表天兒之稱宋死弟

『翰苑』の引く『魏略』。「女国」と見える。（太宰府天満宮所蔵。竹内理三校訂・解説『翰苑』吉川弘文館、1977より）

第一に、『釈日本紀』の「東海女国」がどこからきたかだが、「弘仁私記序」に「武玄之の云はく、東海女国なり」とあるのによって補われたと見られる。この文は、『切韻』の一、『韻詮《いんせん》』によったと思われる。「女国」を、「女王国」と訂正する向きもあるが、「女国」のままでよい。たしかに『魏志』には「女王国」とあるが、『翰苑《かんえん》』の引く『魏略』、『太平御覧』の引く『魏志』を見れば、「女王国」に対して、「女国」の本文のあったことが知られるからである。

この「東海女国」を、「東海姫氏国」と並べるのは、同旨の称と見るからであることは、文脈的に明らかである。「女主」ということで「女国」が説明できるというのがあって、一緒にしたと理解されるが、別なものをひとつにしてしまったのである。

第二に、「東海」について、『釈日本紀』が「大唐より東方に当たる」と説明することは、講書のなかで「大唐の東一万二千里」なる地理規定を定式化してきたこと(「弘仁私記序」等)を引き入れたものと見られる。その一万二千里が、「楽浪郡徼《けう》はその国を去る万二千里」(『後漢書』)、「楽浪郡境および帯方郡を去ること並びに一万二千里」(『隋書』)という中国史書に負うことはいうまでもない。「東(東方)」「東海」についてはは小さくない問題があるが、これに関しては本章3に述べる。

第三に、『釈日本紀』が「本朝僧善榫推紀」にふれないのは、単なる脱落か、意図的省略か、判断しがたい。これがなくとも、「宝志和尚の讖に云う東海姫氏国とは、倭国の名である」として文意は通じるが、いずれにしても改変された丁本と見てよい。

「宝志和尚の讖」(「讖」は予言をいう)によって「東海姫氏国」が国名論議のなかに登場することとなったが、要するに、承平の講書において、「宝志和尚の讖」と、それについての注と思われる「本朝僧善榫推紀」とによって、「東海姫氏国」なる呼称が取り上げられ、論議された。そして、伝来のなかで、他の「私記」のなかにあったものを引き入れて増幅・変形されてきたのである。

「宝志和尚の讖」＝「野馬台詩《やばたい》」

「宝志和尚の讖」とは何か。それは、「野馬台《やばたい》詩」として伝えられたもののことと認められる。いま、『本朝一人一首』（大友皇子から江戸初期の徳川義直にいたるまで、三百余人の漢詩を、一人につき一首を選び批評したもの。林鵞峰編。一六六〇年）巻九におさめるところによって示せば（小島憲之校注、新日本古典文学大系本による）、「野馬台詩」本文（原文・訓読文）はつぎの通りである。

東海姫氏国、百世代天工、右司為輔翼、衡主建元功、初興治法事、終成祭祖宗、
本枝周天壌、君臣定始終、谷塡田孫走、魚膾生羽翔、葛後干戈動、中微子孫昌、
白龍游失水、窘急寄胡城、黄雞代人食、黒鼠飡牛腸、丹水流尽後、天命在三公、
百王流畢竭、猿犬称英雄、星流飛野外、鐘鼓喧国中、青丘与赤土、茫茫遂為空、

東海姫氏国　百世天工《ひゃくせいてんこう》に代る
右司《いうし》輔翼《ほよく》と為《な》る　衡主元功《かうしゆげんこう》を建つ
初めには治法の事を興し　終りには祖宗を祭ることを成す

本枝天壌《ほんしてんじやう》に周《あまね》く　君臣始終を定む
谷塡《うづも》り田孫《でんそん》走り　魚膾《ぎよくわい》羽を生じて翔《かけ》る
葛《かづら》の後干戈《かんくわ》動き　中微《なかごろはひそか》にして子孫は昌《さかん》なり
白竜游《をよ》ひで水を失ひ　窘急胡城《きんきふこじやう》に寄す
黄雞《くわうけい》人に代つて食ひ　黒鼠《こくそ》牛腸《ぎうちやう》を飡《さん》す
丹水流尽《たんすいながれつ》きて後　天命三公《てんめいさんこう》に在り
百王流畢竭《ひやくわうながれことごとくつ》きて　猿犬《えんけん》英雄と称す
星流れて野外に飛び　鐘鼓国中《しようこくちゆう》に喧《かまびす》し
青丘と赤土と　茫茫遂《ばうばうつひ》に空《くう》と為る

そのままでは理解しがたいものであり、いかようにも解釈できるから、予言としてあれこれを付会してきたのであった。

「東海姫氏国」は初句である。それがこの国をいうものとして、また、「野馬台詩」全文は、梁代、五世紀から六世紀にかけての人、宝誌（丁本には、「宝志」とあるが一般的にはこう表記される）がこの国の衰亡を予言したとして受けとめられてきたものである。承平度の講書にいう「宝志和尚の讖」は「野馬台詩」のことであり、「東

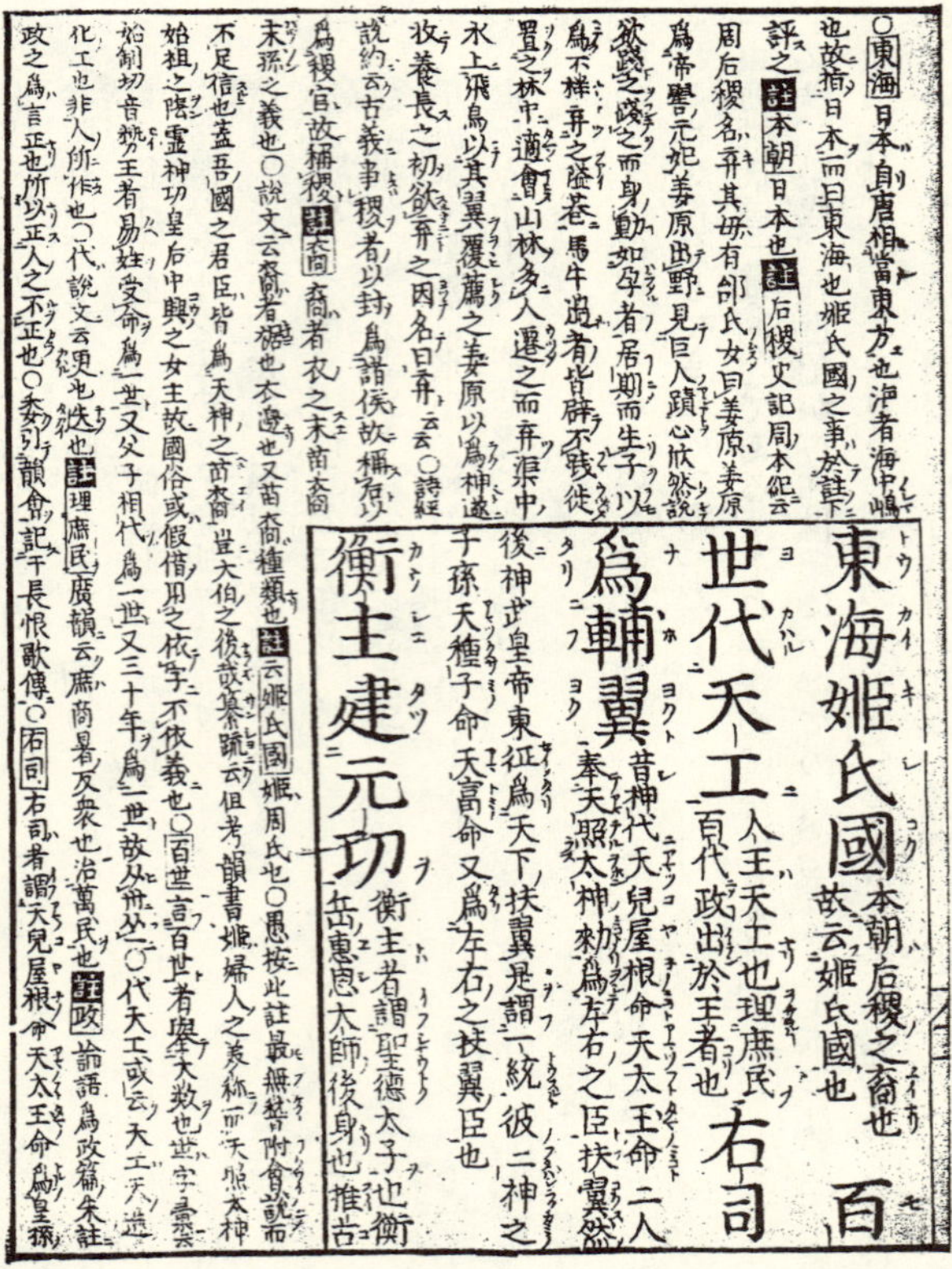

〇東海日本自唐相當東方也海者海中嶋也故指日本而曰東海也姫氏國之事於註下評之註本朝日本也註后稷史記周本紀云周后稷名弃其母有邰氏女曰姜原姜原爲帝嚳元妃姜原出野見巨人蹟心忻然説欲踐之踐之而身動如孕者居期而生子以爲不祥弃之隘巷馬牛過者皆辟不踐徙置之林中適會山林多人遷之而弃渠中氷上飛鳥以其翼覆薦之姜原以爲神遂收養長之初欲弃之因名曰弃云云〇詩經説約云古義事稷者以封爲諸侯故稱后以爲稷官故稱稷註裔 裔者衣之末苗裔末孫之義也〇説文云裔衣裾也太邊也又苗裔種類也註云姫氏國 姫周氏也〇愚按此註最無稽附會説而不足信也蓋吾國之君臣皆爲天神之苗裔豈大伯之後哉纂疏云但考韻書姫婦人之美稱而天照太神始祖之陰靈神功皇后中興之女主故國俗或假借用之依字不依義也〇百世 言百世者擧大數也世字彙云始制切音勢王者易姓受命爲一世又父子相代爲一世又三十年爲一世故从卅从一〇代天工或云天工天造化工也非人所作也〇代説文云更也迭也註理庶民 廣韻云庶商暑反衆也治萬民也註政 論語爲政篇朱註政之爲言正也所以正人之不正也〇委引韻會記于長恨歌傳〇右司 右司者謂天兒屋根命天太玉命爲皇孫

東海姫氏國 本朝后稷之裔也故云姫氏國也
百世代天工 人王天工也理庶民百代政出於王者也
右司爲輔翼 昔神代天兒屋根命天太玉命二人奉天照太神勅爲左右之臣扶翼然後神武皇帝東征爲天下扶翼是謂一統彼二神之子孫天種子命天富命又爲左右之扶翼臣也
衡主建元功 衡主者謂聖德太子也衡岳惠思大師後身也推古

「野馬台詩」冒頭。注をつけたものの欄外にさらに注を加えている。
(『歌行詩諺解』より)

海姫氏国」はこれによるのであった。

「野馬台詩」解釈の定着

「野馬台詩」がどう受けとられていたか。長い伝来のなかで解釈を繰り返し更新しつつ定着にいたる歴史があった。

「野馬台詩」が定着・流布されたのは、「長恨歌伝」「長恨歌」「琵琶行」「野馬台詩」が合わされた、いわゆる「歌行詩《かこうし》」としてであった。古活字版・整版本ともなったそれは、「野馬台之起」「野馬台序」とともに、「野馬台詩」（本文・注）を載せる。中世に定着したかたちであったが、これに対して、さらに注を付して『歌行詩諺解《かこうしげんかい》』――疏《しょ》ということになる――が成され（一六八四年）、また、「野馬台詩・注」を和語化して『野馬台詩国字抄』（一七九七）・『野馬台詩余師』（一八四三）も成るといったように、近世を通じて広く流布していたのであった。

「野馬台之起」は、遣唐使吉備真備《きびのまきび》の話として「野馬台詩」伝来の事情を語る。唐において真備にあたえられた試練のひとつに、宝誌が作った「乱行不同の文」、すなわち「野馬台詩」の解読があった。真備が東の方に向かって仏天の加護を願ったところ、長谷寺観音が蜘蛛となって現じ、その引いた糸にしたがって読むことができたというのである。真備の死後、読めなくなっていたのを、小野 篁《たかむら》がまた長谷寺に参詣し、観音が蜘蛛と現じて読むことができたともいう。

「野馬台序」は、宝誌がこの詩をいかにして作ったかということを記す。宝誌のもとに「化女」が次々と千八人来り去って「本国の始終」を語った。「千八人女」を組み合わせると「倭」となることから、その化女の倭国の神たることを知り、その言をこの詩に作ったというのである。宝誌は観音の化身だともいう。

この「起」「序」とあわせて、「野馬台詩」は、この国の歴史を予言したものとして読む注とともに定着された。その注の大意は次のようになる。

「東海姫氏国」というのは、日本国が周の祖先后稷《こうしょく》の裔であることを、周の姓である姫をもっていうのである。「百世天工に代る」とは天皇の治世が百代に及ぶこと、「右司輔翼と為る」とは天児屋根命《あめのこやねのみこと》・天 太玉 命《あめのふとだまのみこと》が降臨の際に皇孫を助けたことをいう。「衡主」とは衡山恵思禅師の生まれ変わりである聖徳太子のことをいい、十七条憲法を定めたことを「初めに治法の事を興し」という。「谷塡」「魚膾」とは壬申の乱のこと。「葛の後干戈動き」とは藤原仲麻呂の乱をいい、「中微にして子孫は昌なり」はそれによって藤原氏が中ごろ衰え、良房に至って再興し子孫繁盛したことをいう。「白龍」とは、庚辰の歳に生まれた（白＝庚、龍＝辰）孝謙女帝のことで、道鏡を寵愛した淫乱によって、国が危うくなった（「窘急胡城に寄す」）のであった。「黄雞」とは、平将門をいう。己酉の歳に生まれ（己＝黄、雞＝酉）、王を僭称した。「黒鼠」とは、平清盛をいう。壬子の歳に生まれ（壬＝黒、子＝鼠）、無道にして君臣の礼を乱したのであった。「天命三公に在り」とは、源頼朝が天下を平らげ、以下三代にわたって将軍となったこと。その後天下の政は天皇の治世に復さなかったが、「百王流畢竭きて～茫茫遂に空と為る」は、百王の後、申戌の歳の人（「猿犬英雄」）が威を天下に張ることがあるのをいい、その後兵乱止まず、国中空と為ることをいう。

要するに、降臨から、さまざまな乱離（大友皇子の乱・恵美押勝の乱・孝謙女帝の淫乱・平将門の乱・平清盛）を経て、源頼朝の武士政権樹立によって、武士の世となり、百王の後、国滅するにいたる、衰亡の歴史がここに潜められているのだというのである。

それは武士の時代を迎えた王党派の、自己納得のための歴史解釈であった。元来の「歌行詩」の注はここまでであった。その注が定着していた。

それに対して、最後の六句について、「山名宗全・細川勝元が、申戌の歳に生まれて、応仁の大乱を起し、都が焦土となってしまったことをいうのだ」と、注を付加し、更新するものがあった。

「歌行詩」注を延ばして応仁の乱にまで及んでゆくのである（『応仁記』がそこに生まれることを、黒田彰「応仁記と野馬台詩注」『中世説話の文学史的環境 続』〈和泉書院、一九九五年〉が論じている）。

いうまでもなく、その最終段階は応仁の乱後の解釈である。「歌行詩」注としてはその前段階の武士の時代となったことについてまでの解釈であったが、その「歌行詩」注の定位にいたるまでも、平安時代以後解釈を更新しつつ、とくに中世に多様に広がるものであったことについては、小峯和明『「野馬台詩」の謎』（岩波書店、二〇〇三年）に詳しい。

小峯が「過去ばかりでなく、まさに現実を読むための必須のテキストとなっていた」というのは、「野馬台詩」による現実解釈の上に『応仁記』をつくり出すような室町末期の状況についてであったが、よりはやい段階からそうしたものとなっていたふしがある。

『平家物語』巻四、治承四年の高倉宮の挙兵に際しての三井寺からの誘いに対する南都返牒《へんちょう》のなかに、「親父忠盛、昇殿をゆるされし時、都鄙《とひ》の老少、みな蓬壺《ほうこ》の瑕瑾《かきん》を惜しみ、内外の英豪、おのおの馬台の讖文《しんもん》に啼《な》く」とある。

すぐれた識者たちは、「野馬台詩」を思い合わせて嘆いたというのであるが、それは「野馬台詩」の詩句をどのように引き当てたのか。忠盛の昇殿は、天承二年（一一三二）、壬子の歳のことであった。その「内外の英豪」の嘆きは、壬子と「黒鼠」とを関係づけて、「黒鼠牛腸を飡す《こくそぎうちやうさん》」とはこのことか、というものであったと推測される。清盛が壬子の歳に生まれたことをもって、「黒ハ水、鼠ハ子」（「歌行詩」注）として、清盛のことを「黒鼠」に引き当てるのと同じである。嘆かわしい現実に相対しつつそれを受け入れるための、「現実を読む」テキストとしての「野馬台詩」がすでにここにある。

そうした積み重ねのなかから、「歌行詩」注として定着するにいたるのである。

そして、十世紀前半の承平度の講書において「讖」として受け止められていたのは、これと同じ歴史解釈ではありえないことはいうまでもない。平安時代における解釈をもとめて、さかのぼって見ることがもとめられる。

平安時代の「野馬台詩」

大江匡房《まさふさ》が、十二世紀初に「件《くだん》の讖はこれわが朝の衰相を寄せて候ふなり」（『江談抄』巻五）といったのは、平安時代の解釈にかかわる言及である。それが具体的にどのような内容であったかということは明らかではない。ただ、真備が蜘蛛の糸をたどって解読したという話はすでに『江談抄』巻三にも見えるから、「野馬台詩」をめぐる説話化の広がりと定着とがうかがえる。

ありえた解釈の実際についての手がかりとなりうるのは、『延暦寺護国縁起』（『続群書類従』）に引かれた「延暦九年注」（延暦九年は七九〇年）である。

いま、東野治之「野馬台讖の延暦九年注」（大阪大学教養部『研究集録　人文・社会科学』四二、一九九三年）の校訂を参考にしつつ引用すれば、つぎのようになる。

延暦九年注に云ふ。丹水流尽は、〈千八女人の帝、尽く。又、高野女帝、崩ずるなり。是れ、清原の孫、尽く。故に天命と曰ふ。運は、近江の孫の大納言に逮《およ》ぶ。故に三公は一なりと云々。〉

又云ふ。丹水竭而衡主は、〈千八女人の王尽きて、三公、王と成るなり、〉と。衡は、朝法滅し、仏法倭を守る云々。

又云ふ。朝法滅せば、国、随《したが》ひて滅するなり云々。
又云ふ。茫々遂為空、謂ふこころは仏法滅し、国邑亡《こくゆう》ぶ、と。
国破れ、宗破れ、終《つひ》に君長無く、終に曠野《くわうや》と成る云々。

要約すれば、天武皇統（「清原の孫」――清原は清御原宮）が称徳天皇（「高野女帝」）で尽き、さらに「朝法（朝廷の法）」「仏法」が滅び、国滅びて荒野となるにいたるということである。衰亡の予言と解しているのである。

この後には、「謹んで和注の意を案ずるに云はく」と続く。「和注」とは、この国で付された注、の意。「延暦九年注」のことである。その「和注」について「案ずるに」と敷衍《ふえん》するのである。これは、注の注、すなわち、疏ということになる（この疏がいつのものかは不明である。ただ、『延暦寺護国縁起』は鎌倉時代末の成立だから、それ以前とはいえる）。

そこに、次のようにある。

謹んで和注の意を案ずるに云はく、本朝の王法は、光仁天皇の御代、百王流れ盡《つ》くなり。称徳天皇崩御の後、王孫盡くるに依りて、白壁の王子起つ。准三公《じゆんさんこう》にして一大納言是れなり。之を改めて継体の君と為す。光仁天皇と申す、是れなり。桓武天皇は、光仁天皇の御子なり。光仁天皇以前は、王法の権威に依りて、国を持《たも》つ。光仁天皇以後、仏法の助縁《じょえん》に依りて、国を持つ。王法仏法、共に滅盡《めつじん》せば、国随ひて滅し、君長無きが故に、終に人民無し。終に曠野と成るとは、此の意なり。

かいつまんで言えば、天武皇統まで王法によったが、その皇統が尽きた後、光仁天皇以後は、仏法の助けによって国を保つのであり、王法・仏法の尽きた後は国が滅ぶのみだというのである。以下は略したが、桓武天皇がこの理を知って、天台・真言両宗をもって鎮護国家の宗としたということが説かれる。

この敷衍の文（疏）をもあわせ見ると、右の「延暦九年注」が、「野馬台詩」の最後の部分「丹水流尽後、天命在三公、百王流畢竭」のところを、天武天皇の皇統の断絶にかかわらせて説くものであることは明らかであろう。「百王流畢竭」とは、称徳天皇の崩御によって天武皇統がつきたのを、「倭」の字を分解した「千八女人」とからめて、女帝によってつきたことをいうものであったと納得するのである。そして、「朝法」（後の文では「王法」という）が滅び、天智天皇系の光仁天皇が即位して「仏法」によって国をたもつこととなったが、「仏法」が滅びたときには国も滅びることが「茫茫遂為空」と予言されているというのである。

平安仏教の鎮護国家の立場からの付会・解釈であるが、「延暦九年」ということを信じれば、八世紀末には、そうした注が成立していたことになる。延暦九年は仮託で、信じがたいとする説もあるが、注の内容は八世紀末の成立としてもさし障りはない。十世紀段階にありえたものは、この注に見る如く、天武皇統から天智皇統への交替を軸として解釈するものであったと考えられる。

丁本が引いた「本朝僧善櫸推紀」は、「野馬台詩」の注であったと考えられるが、東野がいうように、それが「延暦九年注」であった可能性もある。そうではないとしても、天武系から天智系への皇統の交替を軸として解釈するものであったことは確かだ。

それが、公望が講書にあたって参看した「野馬台詩」注であり、そこに、「東海姫氏国は、倭国の名なり」とあったということである。

公望の解釈の問題性

丁本の「今、案ずるに」は、それを矢田部公望が敷衍したということになる。その公望の解釈を検討してみよう。

公望は、天照大神が女神であり、神功皇后が女帝であるということをあげ、「此等によりて、姫氏国と称す」という。

だが、それによって「姫氏国」と呼ぶ理由は十分説明されたとはいえない。そうした解釈があったから、この「私記」の伝来のなかで、「東海女国」を引き込んで異本丁本（『釈日本紀』）のようになったということはわかる。しかし、始祖の女神や女帝を持ち出すことは、「女国」の説明にはなるかもしれないが、それが「姫氏国」ということのいわれの説明にはならないであろう。

『纂疏』の説明の丁寧さは、そのことを強く意識していると思われる。

すなわち、

五に姫氏国と云ふ。宝誌和尚の讖文に出づ。晋書の伝に曰く、男女、大小と無く、悉く點面文身《てんめんもんしん》す。自から大伯の後と謂ふ。蓋《けだ》し、姫氏は周の姓なり。周の大王の長子、呉の大伯、国を譲り荊蛮《けいばん》に逃がれ、断髪文身して、以て龍蛇《りゅうじゃ》の害を避く。而して、呉は東海に瀕《せま》る。本朝の俗、皆、點面椎髻《ついけい》す。故に、太伯の後と称す。則ち、国を名けて姫氏《きし》と曰ふ。

然れども、吾が国の君臣、皆、天神の苗裔《べうえい》たり。豈《あに》、太伯の後ならんや。此れ、蓋し附会してこれを言ふか。但し、韻書を考ふるに、姫は、婦人の美称なり。而して、天照太神は、始祖の陰霊、神功皇后は、中興の女主なり。故に、国俗、或は仮に之を借用し、字に依り義に依らざるなり。

という。

「日本」の別号を十三項にわたって取り上げた、その第五である。『纂疏』は、まず、『晋書』に「呉の太伯」の子孫とあるから、宝誌は、周と同じ姫氏だということで「姫氏の国」と呼んだのだとしつつ、これを「附会」の言にすぎないと切り捨てる。そのうえで、「国俗」が、天照大神・神功皇后への意識から、「婦人の美称」という「姫」の字義――「韻書」とあるのは、『古今韻会挙要《ここんいんかいきょよう》』――によって（字に依り）、この称を、中国側の呼称の意味を離れて（義に依らず）借用したものかというのである。

つまり、「姫氏」は周の姓であり、それはもとより中国のものであったが、その意義を離れて、「姫」の字だけ借りたと説明するのである。

公望が天照大神・神功皇后をあげるのは、女主の国ということを示すと考えられるが、それだけでは「氏」について説明しえず、「姫氏」という名義の説明にはならない。『纂疏』が「借用」というのは、「姫氏国」が別にあったことを考えないと説明が完結しないという認識による。さらに、宝誌の讖（「野馬台詩」）という中国側のテキストのなかの称が、天照大神・神功皇后という存在を踏まえたものだというには無理があるという判断も、当然そこにはあろう。

『纂疏』は、公望の解釈の不十分さや無理を補足・訂正したのであった。

公望が見ることのできた中国正史には、倭の女王の記事はあるが、天照大神や神功皇后の名は登場することがない。公望は当然よく知っていたはずである。それにもかかわらず、公望は、中国のテキストである「野馬台詩」が、天照大神・神功皇后という女神・女帝によって「姫氏国」と称したのだと、「氏」についての説明もつけないままに答えておわるのである。それを合理化しようとしたのが『纂疏』であった。

ただ、公望に即して、その解釈の問題性に立ち入って考えてみる必要がある。公望が、そうした無理を何も自覚しないままであったとは思われないのである。彼はあえて方向をまげたと考えるべきではないか。

「姫氏」ということ

「姫氏」は、『纂疏』のいうように、「呉の太伯の後」と自称したということにかかわる。

『纂疏』は『晋書』を引く。しかし、そのことは、『翰苑』に引く『魏略』にもすでに見える（『太平御覧』に引く『魏志』も同じ）。

其の俗、男子、皆、黥じて文す。其の旧語を聞くに、自ら太伯の後と謂ふ。昔、夏后小康《かこうせうこう》の子、会稽《かいけい》に封ぜられ、断髪文身し、以て蛟龍《かうりゆう》の害を避く。今、倭人、亦、文身し、以て水の害を厭ふなり。（『翰苑』に引く『魏略』）
其の俗、男子、大小と無く、皆、黥面文身す。其の旧語を聞くに、自ら太伯の後と謂ふ。（『太平御覧』に引く『魏志』）

とある。

倭の習俗として、入れ墨をしている、そして、呉の太伯の子孫だと自称している、というのである。さらに『魏略』は、その入れ墨の習俗が、越の祖・夏后小康の子（『史記』「越王句践世家」）が会稽の地に封ぜられて入れ墨したのと通じているともいう。ただ、『魏略』の文脈は、「太伯」が呉の祖であるというのと、「夏后小康の子」

が越の祖であるというのがどうかかわるか、わかりにくいところがのこる。

現行の『魏志』には、

男子は、大小と無く、皆、黥面《げいめん》文身す。古より以来、其の使、中国に詣り、皆、自から大夫と称す。夏后少康の子、会稽に封ぜられ、断髪文身し、以て蛟龍の害を避く。今、倭の水人、好んで沈没して魚蛤《ぎよかふ》を捕え、文身し、亦、以て大魚水禽《すいきん》を厭《はら》ふ。後、稍《やや》以て飾りと為す、諸国文身の各異にして、或は左にし或は右にし、或は大に或は小にして、尊卑差有り。其の道里を計るに、当《まさ》に会稽の東冶《とうや》の東にあるべし。

とあって、「呉の太伯の後」と自称したということは見えない。

この『魏志』の文脈では文身の風俗の共通を、会稽に封ぜられた「夏后少康の子」すなわち越の祖にからめて見ようとするだけである。

「太伯の後」と「夏后少康の子」との関係は、『晋書』の文脈ではそれなりにわかりやすくなる。

『晋書』は、

男子は、大小と無く、悉く黥面文身し、自ら太伯の後と謂ふ。又、言はく、上古、使して中国に詣るや、皆、自ら大夫と称す。昔、夏の少康の子、会稽に封ぜられ、断髪文身し、以て蛟龍の害を避く。今、倭人、好んで沈没して魚を取る。亦、文身し、以て水禽を厭う。其の道里を計るに、当に会稽の東冶の東なるべし。

という。

「自ら太伯の後と謂ふ」でいったん切るのである。その後は、「当に会稽の東冶の東なるべし」まで、節略はあるがほぼ『魏志』と同じである。つまり、呉とも「黥面文身」の風俗においてつながっていて、「呉の太伯」の子孫だと自称することをいい、また、越とも風俗・地理の上でつながりが認められるというのである。

その「呉の太伯の後」たることをもって、周の姓である姫により「姫氏の国」と呼ぶことが成り立つ。さらに、呉と越とは相接する国であり、「姫氏」と、「東海」（越との関係で「会稽の東冶の東」というが、それは東海の向こうにあるということに他ならない）とは、そこに結びつくゆえんがあった。

「東海姫氏国」の成り立ち・名義はこのようなものであった。矢田部公望も、このことを十分承知していたと思われる。『晋書』の伝来・利用はいうまでもないが、『翰苑』も伝来され、『秘府略』に引かれてもいる。『太平御覧』と記事の多くが重なるといわれる『修文殿御覧』も伝えられている。「倭」が「呉の太伯の後」と自称したという記事には、何らかのかたちでふれることがあったと見てよいであろう。

それなのに、丁本における公望の説明はポイントをまったくはずしている。それは意図的なのではないか。公望は、知られているものとして「東海姫氏国」にふれねばならなかったが、意図的に「東海」についてふれることを避け、「姫氏国」を、あえて、当然の方向とは異なるかたちで説いたと見るべきではないか。

公望の意図

自分たちのなかにあるものが、中国側から呼ぶさまざまな称を成り立たせていることを確認しようとして、承平の講書では、「和奴国というのは、彼の地に到りついたものが、国の名を問われた時、東方を指して、「わぬ国」と答えたことによる」というのであり（『神皇正統記』の「わ国」説は、その変形である。参照、本書一五六ページ）、「耶馬台、耶摩堆、耶靡堆」とあるのは、みな「やまと」の音を取ったものに他ならないというのでもあった。「姫氏国」を、アマテラスという女神を始祖とし、女帝を仰いだことから「姫」をもって呼ぶと説くのも、『日本書紀』の皇統譜と歴史とに依拠することによって自己確認したものである。そこには、中国の地から渡来した末裔の国なるが故の称という、「姫氏国」の、ありえた、そして、すでに流布していた、当然の理解をはねつけるという意図があったと見るべきである。

その拒否において、自己確認のありようを示しているといえよう。中国の地から渡来した人の建てた国などというのは埒《らち》もないといえばそれまでではあるが、それを取り上げて否定してみせるところに自己確認の方向が示されるということである。「東海姫氏国」は、知られているだけに取り上げねばならず、あくまで固有のはじめをもとめて、まげて、名の由来を始祖の女神に見ようとしたのである。

ここにはらまれているのは、「やまと」による自己確認（参照、本書第五章）や「日本」の変奏への志向（参照、本書第六章）と同じ質のものである。

自己確認のバネとしての「呉の太伯の後」説

しかし、問題は平安時代にとどまらない。中世を通じて、「東海姫氏国」をめぐって、「野馬台詩」とその注は、自己確認にかかわるところにあった。

見たように、定着した「歌行詩」注においては、「東海姫氏国」に、「本朝は后稷《こうしょく》の裔なり。故に姫氏国と云ふなり」と注するのであった。

『纂疏』が示したように、当然、それは『晋書』の「呉の太伯の後」と結びつけて受け取られていたのであった。

ただ、「呉の太伯の後」とは直接はいわない。それは、荊蛮《けいばん》の風俗をもつものといわれ、あるいは、蛮人という感覚で述べられるところを避けて、后稷をもって周室《しゅうしつ》とのつながりを正面に出したと考えられる。それにしても、みずからを外から来たと位置づけるものとして、「野馬台詩」の注はあった。

それがきわめて刺激的であったことは、拒否の激しさが証する。たとえば、中巌円《ちゅうがんえん》月《げつ》の事件が想起される。

月中岩ノ日本紀ヲ作ラレタニ日本ハ呉太伯カ後裔ナリト云説ヲ云テ破ラレテ不行于世ソ

と、桃源瑞仙『史記抄』(『抄物資料集成』一、清文堂出版、一九七一年)のいう事件である。円月の自歴譜（『五山文学新集』四、東京大学出版会、一九七〇年）の、暦応四年（一三四一）の条に「杜門於藤谷、修日本書」とあるのがそれにあたる。『神皇正統記』が、

異朝の一書の中に、「日本は呉の太伯が後なりと云。」といへり。返々あたらぬことなり。（略）天地神の御するゐなれば、なにしか代くだれる呉太伯が後にあるべき。

というのは、『神皇正統記』の成立と事件との先後が微妙だが、この事件と響き合うところがある。

内在する根拠に向かうなかに、「呉の太伯の後」と説くこと、すなわち、「野馬台詩」やその注の流布が、『晋書』の説と結んで流布していたことと相対しつつ自己確認せねばならなかったのであった。『纂疏』が、強引に「姫」は婦人の美称だという字義に依拠してアマテラス・神功皇后にひきつけたのは、こう見てきて、「日本」の変奏とひとつの筋にからむのだと納得される。

近世以後、「呉の太伯の後」説は、「最トモ無稽附会ノ説ニシテ信ズルニ不足也」

（『歌行詩諺解』）と冷笑されておわる。しかし、歴史のなかで、「東海姫氏国」言説が、それ自体というより、それに対する反発が、天神の裔たる自己確認へと向かうバネとなるようなものとして意味をもち続けたのであったことに注意しておきたい。

3　「東南大海中」から「東海中」へ

「東海姫氏国」にかかわって、もうひとつ注意したいことがある。それは、中国が、この国を指示するのに、「東海中」というようになるなかに、位置づけられるということである。

「東南大海中」――起点は朝鮮

中国正史には「倭」「日本」の位置をどのように指し示すか。はやいものから『唐書』までを一覧すると、

楽浪の海中に倭人有り。（『漢書』）

帯方の東南大海の中に在り。（『魏志』、『魏略』、『晋書』）

韓の東南大海の中に在り。（『後漢書』）
高驪の東南大海の中に在り。（『宋書』）
百済・新羅の東南に在り。水陸三千里、大海の中に於いて、山島に依りて居り。（『隋書』）
新羅の東南大海の中に在り。（『旧唐書』）
新羅の東南に直り、海中に在り。（『新唐書』）

となる。

朝鮮半島を起点として（楽浪、帯方、韓、高驪、百済、新羅と時代状況に応じて呼び出す国名が異なる）、その東南の大海中にあるというのが、古代の中国正史において一貫するものであった。それは「東海中」というのとは別だと見るべきである。

ただ、講書のなかでは、「弘仁私記序」が「大唐より東に去ること万余里」とし、異本丁本も延喜度の「博士春海記」も「大唐楽浪郡より東十五万二千里」といい、「日本、大唐より東方に当たる」というのであった。

「東南」でなく、「東」というのだが、それが日本側の問題であったかどうか。たとえば、『山海経』の郭璞《かくはく》注に「倭国は、帯方東の大海の内に在り」とすることも想起されるのであり、それが「東南」の誤脱でないならば、たんに日本側の問題ではない。

「東海中」――起点は会稽

中国側の規定として、「東南大海中」と「東海中」とは、元来異なるものであった。「東海中」というとき、起点が異なるのである。

「東海」にそくしていえば、揚雄《ようゆう》「解嘲《かいちよう》」（『文選』巻四十五）において、漢の版図を示すのに「今、大漢、東海を左にし、渠捜《きよさう》を右にし、番禺《はぐう》を前にし、椒塗《せうと》を後にし」という。「渠捜」「番禺」「椒塗」は地名、「東海」とともに、そこまでに及ぶものとして版図の広がりをいうのである。その「東海」は、「応劭《おうせう》曰く、会稽の東の海なり」と注される。それが古代帝国時代の「東海」の意味であった。

その「東海」と「倭」とが結びつくのは、正史のなかで、「倭」の位置を、朝鮮の東南海中にあるとすることと併存するかたちで、「会稽東冶の東に在り」（『後漢書』、『魏志』）といい、また、「会稽の東に在り」（『隋書』、『梁書』）ということにあると認められる。

ただし、見たとおり、会稽の東にあるというのは、元来は越との関係を見ることに出るものであり、蛮地としてのつながりをいうものであった。

それが、『切韻』系の字書のなかでは、「東海中女王国」（陸法言）・「東海女国」（武玄之）・「東海中日本国」（孫愐）等、「倭」「日本」を指すものとして「東海」ということが一般化するのであった（参照、本書六二ページ）。

要するに、六朝～唐初時代の中国では、「倭」が「東海中」にあるとするようになり、その後、五代宋初の『義楚六帖』に「日本国、亦の名は倭国、東海の中」とし、『元史』に「日本国在東海之東」と、これが定着してゆく。

「東海姫氏国」は、梁代のものであり、「東南大海中」から「東海中」へと、中国側の規定が動いてゆく、そのなかに置いて見るべきなのである。

第八章　近代における「日本」

1　宣長をめぐって

固有のことばとともにある文化世界

平安時代から中世において、「日本」を自分たちのものとして根拠付け、自己確認を果たそうとするなかで、日神の国説、さらには「大日の本国」説が生まれ、定着してきた（参照、本書第六章）。それが、近世においてまた転換を迎える。

それは、世界と、そのなかでのみずからのとらえかたにかかわる。普遍的な世界でなく、独自な文化世界として、固有のことばとともにあることを見ようとするなかで、仏教的な世界像は意味を失ってゆく。

そこにおいて、神話的物語はとらえなおされる。そして、そのなかの呼称（「古言」による呼称）を意味づけなおしてゆくこととなる。そのとき、「日本」は、自己確信をよせる呼び名としての位置をあたえられることはなかった。

『石上私淑言』

その問題のありようは、宣長の『石上私淑言《いそのかみささめごと》』（『本居宣長全集』第二巻、筑摩書房、一九六八年）と『国号考』（同第八巻、一九七二年）においてよくあらわれている。

『石上私淑言』は宝暦十三年（一七六三）に稿成ったが、未完であり、生前に刊行されることはなかった（没後文化十三年〈一八一六〉に、三巻のうち、一、二巻が上下巻として刊行された）。「もののあはれ」を説いたことで知られる歌論である。宣長三十四歳、若い時期の著であるが、かえってモチーフ（宣長の生涯を貫く機軸といってよいもの）がはっきりとうかがえるところがある。

その第二巻（刊本では下巻）は、「やまとうた」についての問答（このテキストは問答を繰り返して展開するというスタイルを取るが、論点を問いのかたちで設定するのであって、実際の問答ではないことは言うまでもない）からはじまる。「やまとうた」というのは古語でなく、漢詩と区別していうためのことばであって、ただ「うた」というのが正しい、と規定して出発するのである。

宣長は、『古今集』仮名序が、「やまと歌は、人の心を種として、よろづの言の葉とぞなれりける」という有名な書き出しをもち、これについて注釈の言説が重ねられてきたことを払拭しようとしたのであった。「大和歌とかきて、歌は大きにやはらぐてふことはりなれば、和をもてむねとするなどいふは、いよ〳〵論ずるにもたらぬ事也」ということに、それはあきらかである。

中世の古今序注では、「大和歌」の「大和」を、大きに和らぐという意味を負うものとして、つまり、天竺の陀羅尼を中国の漢詩にやわらげ、その漢詩をやわらげて和歌があるとして解く説——天竺・震旦・本朝は一世界だという世界像がその基礎にあることは言うまでもない——が広くおこなわれており、さらに、「やまと」等国名について論議が繰り広げられていたのであった。

宣長は、それに対して、「古来さま〴〵の説あり。くはしくうけたまはらむ」という問いを設定して、そうした論議に逐一反駁してゆく。巻二のほぼ四割をしめるその批判的国号論は、歌の論の本筋から離れるように見え、過剰なようにも見えるが、古今序注との関係において、そうなったのである。古今序注の肥大した言説に相対し、それを払拭する（中世的なものからの脱却といってもよい）ために、それだけの量が必要だったととらえるべきであろう。

その論議を、あらあらたどれば、「やまと」が一国の名であるとともに「天下の惣名」（この国全体の名）であること ↓ 「やまと」の意味 ↓ 「やまと」の表記（倭、和）↓ 「日本」について、という流れとなる。

「日本」について言えば、異国に示すためにことさらに後から作ったものだということからはじまって、その名の意味（日神の国ゆえの名だとする）、「ひのもと」は古語ではないこと、「やまと」に「日本」を用いることを、六つの問答を重ねて論議するが、「やまと」に付随するものとしての扱いであることはあきらかであろう。

そして、宣長は、歌を自分たちの文化の問題として、詩と対比しながら、その本質は、いつわりつくろうことなく、人としての心のあるべきありようを実現することにあると帰着する。宣長は、

すべて世中にありとある事にふれて。其おもむき心ばへをわきまへしりて。うれしかるべき事はうれしく。おかしかるべき事はおかしく。かなしかるべき事はかなしく。こひしかるべきことはこひしく。それ〳〵に。情の感《うご》くが物のあはれをしるなり。それを何とも思はず。情の感かぬが物のあはれをしらぬ也。されば物

のあはれしるを。心ある人といひ。しらぬを心なき人といふ也。

という。要するに、うれしくもおかしくも悲しくも恋しくも、その事をしかるべく感じることが「物のあはれをしる」ことなのであり、そこにおのずから歌は生まれるという。「歌は物のあはれをしるよりいでくるもの」なのである。

「物のあはれをしる」ことは人としてのあるべきありよう、そうであらねば「心なき人」だといいきる。「もののあはれ」は、百川敬仁『内なる宣長』（東京大学出版会、一九八七年）が喝破したとおり、「もののあはれ」は、まさに倫理なのである。歌は、それを実現する場にほかならない。そして、もとより「人の心のゆくゑはいづこもかはることなし」あってみれば、詩も「心ばへはわが御国の歌といさゝかもかはることなし」と認めるのであった。元来人のこころのありようはどこであってもおなじであり、その自然の感動にねざすものとして、中国の詩も自分たちの歌とまったくかわることはないのだというのである。ただ、違いは、歌が、その元来のすがたをうしなわなかったことにあるという。

今の世まで。よみ出る歌もをのづからその心ばへにて。詩のやうにさかしだちたるすぢはさらにまじらず。（中略）いふ事の心ばへは神代も今もたゞ同じことぞかし。

人の国の詩などのやうに。こと〴〵しき事はつゆまじらず。万葉集の歌も今のも大かたの心ばへはさらにかはる事なし。されば此道のみぞ今もなを神の御国の心ばへをうしなはぬとはいふ也。

大意　今にいたるまで、歌も元来のこころのありようのままであって、詩のようにさかしらぶることはない。歌うことのこころのありようは神代も今もおなじなのである。詩などのようにことごとしいことはまったくいわず、万葉集の歌も今の歌もおおかたのこころのありようはかわることがない。だから、歌はいまも神の国としてのありようをうしなわないといえる。

というのであった。

いわば人間としての普遍性にアプリオリにたちながら、自分たちが、その普遍的な、人としてのあるべきすがたを実現する場をたもち続けたことをいう。それが、自分たちの固有のことばの世界に内在するものとしての歌への確信であった。

その確信は、「さかしだち、ことごとしき、人の国の詩」を、歌の対極におくことによって、というより、そうしたものとして「詩」をあらしめることによって、ありえた。「詩」を見出す（あらしめる）ことによって、自分たちの歌を見出すのである。根本は、歌とともに、中国と異なる自分たち固有の文化世界を見ることにある。そこにおいて、中世の国号言説のなかにあった仏教的世界像を払拭するのである。

『国号考』

『国号考』は、天明七年（一七八七）に刊行された。内部の標題を順に挙げれば、「大八嶋国」「葦原中国」「夜麻登」「倭の字」「和の字」「日本」「豊また大てふ称辞」となる。構成はこれで十分よくわかる。それは『石上私淑言』の論議を再構成したものであった。

ただ、「日本」の解は『石上私淑言』とは違いがある。『石上私淑言』では、日の神の生まれた国の意として見ていたが、ここでは日の出る方にあたる意ととらえることへと、立場を変えたのである（このことについては前に述べた。参照、本書第六章2一四四〜一四五ページ）。その理由は「そのかみのすべての趣を思ふに」と言うだけだが、要するに、日神の国説はたしかな根拠を見出せないということにつきる。

国学者のなかには、日神の国ということを機軸として、神話的呼称（大八島国、葦原中国、豊葦原瑞穂国）と、狭義・広義の「やまと」（一国としての「やまと」）と総称としての「やまと」）とを整合的に組み立てようとした、玉木正英『神代巻藻塩草』（元文四年〈一七三九〉）のような試みもあった。

大日本ハ今ノ大和国ノ本号、大ハ称美ノ辞、日神ノ皇都大和ノ高市ニ在リ、因テ日神ノ本国ト云ヘル義ヲ以テ、文字ヲ塡給ヘル也、後世ニ至テ終ニ大八洲ノ総号トナレリ、実ニ八洲ハ日神ノ本国ナレハ也、

というように、大和にある「高天」の地名にかけて、大和＝日神の本国＝日本として、一国の名が総称となる所以まで整合しようとしたのであったが、宣長にとって、それはそもそも出発点に無理があるということになる。

「そのかみのすべての趣を思ふ」というのはそうした点にかかわるであろう。こうし

た修正が加えられてはいるが、『国号考』は、『石上私淑言』を再構成して、おおよそつぎのような論議を展開する。

神代以来の天下の「惣名」は「大八嶋国」と「葦原中国」であり（前者は「此御国ながらいへる号」、後者は「高天原よりかくは名づけたる」ものと区別される）、後になって、神武天皇以来都を置いた国の名「やまと」が「天の下の大号」となったものである。「倭」は中国からつけられた名であるが、それをそのまま「やまと」に借り、のちに「和」にあらためた。「日本」は、孝徳天皇の代に、異国に示さんがためにことさらに建てた号であり、西の諸国から見て日の出る方にあたるという意でつけられたものである。「やまと」に、この「日本」の字を用いることは、『日本書紀』にはじまった。

という。

ここに、「日本」はおいて、「やまと」を軸にしてとらえる立場があきらかである。その「やまと」の名の意味について、宣長は、「山跡」説を「文字につきて、おしはかりに設けたる妄説なり」として一蹴しつつ、「此国は四方みな山門より出入れば、

山門国と名を負へるなり」とした賀茂真淵の説――大和は四囲が山なので山の間から入るということ――と、自分の説として、

（1）「と」は、「処」で、「山処の意なるべし」。

（2）「と」は「つほ」がつづまったもので、「ほ」は「物につゝまれこもりたる処をいへる古言」、つまり「山のめぐれるよしをもて負へる名なり」。

（3）「うつ（内）」の「う」を省いたもので「つ」は「と」に通じ、「青牆《あをがき》山ごもれるとあると、玉牆内国《たまがきのうつくに》とあるとを思ひ合せて、山内国と名づくべきことをさとるべし」。

の三説とを並列的に掲げる。神話的物語とつなげては見ないのである。

「やまと」語源説の当否についてはいま評価しないでおこう。見ておきたいのは、自分たちの国の価値の確信をよせうるものではなくなった「日本」（自称として見るのではあったが）を、宣長があらわにしているということである。

こうした「日本」のさきに、近代における「日本」の問題を見ることとなる。

2　近代国家と「日本」

近代国家は、民族（国民）の文化的根源をもとめ、固有の文化において国民的一体性を確信しようとする。「国語」や文学史は、そうしたなかにある。

国民的結合を成り立たせるものとしての言語、すなわち、国語としての日本語の意義を確認し、ずっと変わらずに日本語をたもち続けてきているというなかに、国民的一体性を確認しようとしたのであった。そこで、一体性を歴史的に確かめるという実践的課題として文学史がもとめられること、あるいは、『古事記』とその神話が民俗と国民の文化的根源として位置づけられることについては、すでに『古事記と日本書紀』（講談社現代新書、一九九九年）で述べたとおりである。

しかし、そこにおいて、「日本」という名そのものが役割をになうことはなかった（あるいは、できなかった）ことに注意したい。近代国家の問題として、国民的一体性のための「日本」国号言説を構築することはなかったということである。

『帝国憲法皇室典範義解』

それを端的に示すもののひとつは、『帝国憲法皇室典範義解』(国家学会、一八八九年。大日本帝国憲法の半官的な注釈。以下『義解』とする)である。周知のとおり、大日本帝国憲法の第一条は「大日本帝国ハ万世一系ノ天皇之ヲ統治ス」という。国体の規定であり、「大日本帝国」という国号を規定しているのでもある。しかし、この国号について『義解』は何の解説も示さない。『義解』がこの条についで述べるところは、

恭《つつしみ》テ按《あん》スルニ神祖開国以来時ニ盛衰アリト雖、世ニ治乱アリト雖《いへども》、皇統一系宝祚《ほうそ》ノ隆《さかえ》ハ天地ト与《とも》ニ窮《きはまり》ナシ、本条首《はじ》メニ立国ノ大義ヲ掲ケ、我カ日本帝国ハ一系ノ皇統ト相依《あひより》テ終始シ、古今永遠ニ亘リ一アリテ二ナク常アリテ変ナキコトヲ示シ、以テ君民ノ関係ヲ万世ニ昭《あきら》カニス

と、もっぱら「万世一系ノ天皇之ヲ統治ス」ということにある。

この条の後半は、

我カ帝国ノ版図、古ニ大八島ト謂ヘルハ、淡路島即今ノ淡路、秋津島即本島、伊

豫ノ二名島即四国、筑紫島即九州、壹岐島津島津島即対馬、隠岐島佐渡島ヲ謂ヘルコト古典ニ載セタリ、景行天皇東蝦夷ヲ征シ西熊襲ヲ平ケ、疆土大《きやうどおほい》ニ定マル、推古天皇ノ時、百八十余ノ国造アリ、延喜式ニ至リ六十六国及二島ノ区画ヲ載セタリ、明治元年陸奥出羽ノ二国ヲ分チ七国トス、二年北海道ニ十一国ヲ置ク、是ニ於テ全国合セテ八十四国トス、現在ノ疆土ハ、実ニ古ノ所謂大八島延喜式六十六国及各島幷《ならび》ニ北海道沖縄諸島及小笠原諸島トス、蓋《けだし》土地ト人民トハ国ノ以テ成立スル所ノ元質《げんしつ》ニシテ、一定ノ疆土ハ以テ一定ノ邦国ヲ為シ、而シテ一定ノ憲章其ノ間ニ行ハル、故ニ一国ハ一個人ノ如ク、一国ノ疆土ハ一個人ノ体軀ノ如ク、以テ統一完全ノ版図ヲ成ス

と、「版図」（国土）について神話的歴史的に確認するのみであるが、それが、「大日本帝国」にかんする解説ということになる。

『帝室制度史』

次に、帝国学士院編『帝室制度史』について見よう。

その編者と書名から諒解されるように、昭和戦前期の「国体」論の学説的集約とい

うべきものである。第一編天皇の六巻が一九四五年までに刊行された。第一・二巻が第一章「国体」、第三・四巻が第二章「皇位継承」、第五巻が第三章「神器」、第六巻が第四章「称号」となっている。その第一章は、第一節「国体総説」（第一巻）、第二節「国体の精華」（第二巻）となるが（ヘラルド社、第一巻一九三七年、第二巻一九三八年）、当然国号は「国体総説」において取り上げられるべきものである。「国体総説」の目次を見ると、第一款国体の語義、第二款国体の淵源、第三款国体の本義、第四款国体の尊厳、第五款天皇と国土、第六款天皇と臣民となり、第五款において国号が扱われる。

その概括に、

我が大日本国土は、古典の示す如く、皇祖天照大神の吾が子孫の王たるべき地なりと宣りたまひて、皇孫を降臨せしめたまひし所なれば、我が国土が皇祖の御子孫たる天皇の統治したまふ所なるべきことは、太古より既に我が不動の国体を為せり。

としつつ、

我が国土を日本と称することの起源に就きては、諸説一に帰せず。日本書紀承平私記及び釈日本紀には、これを外邦より伝はれるものと為し、神皇正統記及び一条兼良の日本書紀纂疏には、日出づる所に近きが故に、此の字を充てたるものと為し、本居宣長の国号考には、孝徳天皇の時、新に異国に示さん為に建てたる号なりと為し、伴信友の中外経緯伝には、韓人の称する所なりと為せり。按ふに、我が国号として日本といふ文字を用ひたるは、遥に上古に在りと雖も、其の何れの時期に始まれるかは、今之を詳にするを得ず。

とある。続いてさらに、神話的呼称から「東海姫氏国」等にいたる諸々の称のあることを列挙し、これに対応して資料を掲げるにとどまる。要するに、「日本」にかんしては定説化しえていないのである。

国号説が「国体」論イデオロギーのなかに位置を得ないことは、ここにもうあきらかである。

『国体の本義』

近代天皇制国家の「国体」論の、もうひとつの到達というべき、『国体の本義』（文部省、一九三七年）にも目を向けておこう。近代天皇制国家のイデオロギーがあらわに、かつ明確にうかがわれるものである。

緒言に、「明治以降余りにも急激に多種多様な欧米の文物・制度・学術を輸入したために、動《やや》もすれば、本を忘れて末に趨《はし》」ってきたことを反省的に述べながら、「真に我が国独自の立場に還り、万古不易の国体を闡明《せんめい》し、一切の追随を排して、よく本来の姿を現前せしめ」ねばならないと言う。

それに応じて、本文は、「第一大日本国体」「第二国史に於ける国体の顕現」の二部から構成される。第一部は「国体」の原理的根拠を明確にし、第二部はそれを歴史のなかに確認するという構成である。

第一部は「肇国《ちようこく》」から説き起こし、万世一系の天皇が統治する、「永遠不変の大本」たる「国体」を、神話的根拠に根拠づけられるものとして確信しようとする。第一部は、以下「聖徳」「臣節」「和と「まこと」」と続く。「日本」が「日本」とよばれるゆえんについての解説は、「肇国」の項において期待されるものだが、見られない。

わずかに、第二部のなかの「国土と国民生活」の項に、「豊葦原《とよあしはら》の瑞穂《みずほ》の国といふ我が国名は、国初に於ける国民生活の基本たる農事が尊重せられたことを示すものであり、年中恒例の祭祀が農事に関するものの多いのもこの精神の現れである」とあるのが、国号にふれたといえるものに過ぎない。

あらためて、近代天皇制国家における、天皇のもとに成り立つ国民的一体性と「国体」の正統性の構築のなかに、国号は参与していないというべきである。

3　国定教科書のなかの「日本」

それと相応じるが、教育において、天皇のもとの国民的一体性をつくりあげようとしたなかでも、「日本」という国号は明確な位置を与えられていないといってよい。国民教育の中核となった、明治三十七年（一九〇四）以来の国定教科書の教材を、歴史・国語読本を通じて見渡してみても（『日本教科書大系近代編6〜9』国語（三）〜国語（六）、講談社、一九六三〜一九六四年、『同18〜20』歴史（一）〜歴史（三）、講談社、一九六二、一九六三年、による）、「日本」という国の名前について、あるいは、「日本」と呼ばれるゆえんについて教えるものを見出すことができないのである。

あるのは、「万世一系の天皇」のもととなる比類なき国体の教育のための教材である。たとえば、第一期国定教科書「尋常小学読本八」（一九〇四年）の「わが帝国」は、

わが帝国は、多くの島島より、成れり。その島島、東北より西南に、長く、つらなりて、もっとも、形弓の如し。

と、国土の概観からはじめ、

上に、万世一系の天皇ましまして、国民を愛したまひ、下に、四千八百余万の国民ありて、天皇を敬したてまつれり。されば、わが国は、日に、月に、さかえ行きて、限あることなし。

といい、「わが帝国のごとく、よき国、よき国柄は、他に例を見ざるなり」と帰着する。

また、たとえば、第三期国定教科書「尋常小学国語読本五」（一九一九年）の「大

日本」では、

大日本、大日本、
神のみすゑの天皇陛下
われら国民七千万を
わが子のやうに
　おぼしめされる。
大日本、大日本、
われら国民七千万は
天皇陛下を神ともあふぎ、
おやともしたひてお仕へ申す。
大日本、大日本、
神代此の方一度もてきに
負けたことなく、月日とともに、
国の光がかがやきまさる。

とあって、天皇のもとの家族に擬すべき国民的一体性をたたえる。ただ、その「大日本」そのものの説明はないのである。「国体」の比類なさは繰り返し強調されるが、それを「日本」という国号の意味づけとともに果たそうとはしていないのである。

わずかに、第五期国定教科書「初等科国語五」（一九四二年）に、「大八洲」と題して、

この国を　神生みたまひ、
この国を　神しろしめし、
この国を　神まもります。
島々　かず多ければ、
大いなる　島八つあれば、
国の名は　大八洲国。
厳として　東海にあり。

日の出づる　国にしあれば、
日の本と　ほめたたへたり。

島なれば　山うるはしく、
島なれば　海めぐらせり、
山の幸　海幸多く。

海原に　敷島の国、
青山に　こもる大和、
春秋の　ながめつきせず。

大神　授けたまひし、
稲の穂の　そよぐかぎりは、
あし原の　中つ国なり。

黒潮の　たぎるただなか、

大船の　通ひもしげく、
浦安の　国ぞこの国。
浦安の　安らかにして、
天地と　きはみはあらず、
細戈　千足の国は。

という、いわば神話的国名づくしの詩が載せられるのが注意を引く程度である。
この期の国定教科書は国家主義的色彩を濃くしている。この詩のなかでも、「日本」は、神の国にして「日の出づる国」という意味を負わされる。ただ、それが特権化され、そこにイデオロギー的に集約するというものではないのである。

近代国家は、「日本」(正式には「大日本帝国」)と国号を規定したが、国号に関する言説を形成し、積極的に意味づけ、浸透させ、国民的合意をつくろうとはしなかったのである。そのことを、わたしたち自身もふりかえって見るべきなのである。

おわりに

本書は「日本」の誕生からその変奏を通じて、意味を更新して生きてゆく「日本」を見てきた。おわりに、その概略を述べてまとめとしたい。

「日本」は、古代律令国家において「日本天皇」として制度化されて登場した。「日本」は王朝名、「天皇」は君主号である。それは、中華的世界像においてありえた「日本」を意味づけ直して成り立つものであった。その設定は『日本書紀』が、朝鮮諸国に対する「大国」としての歴史的関係にあったものだと「日本」をよそおうところでささえられていた。古代帝国の世界標示というべき「日本」である。（第一、二、三章）

しかし、帝国理念としては意味をうしなうところで、講書では、「日本」はあたえられた名だとして、自分たちの問題ではないというかたちで外に置くのであった。そして、内在する根拠をもとめて倭語「やまと」に向かい、そこに世界のはじまりの記憶を確かめて「やまと」王朝として自己確認しようとした。（第四、五章）

それに対して、平安時代後半には、内在的に「日本」を根拠づけようとして、日神の国「日本」という説が生まれる。天照大神において神話的に「日本」を根拠づけようとするものであった。さらに、仏教的世界観のもとに、「大日・本国」説が生まれ、大日如来＝天照大神とするところで日神の国説と結合する。この説が中世にはひろくおこなわれることとなった。また、さまざまな説があったが、なかには、この国を中国の周の裔とする説――「東海姫氏国」もおこなわれていた。（第六、七章）

近世においては、そうした中世的理解を払拭しようとして、もっぱら神話的な称に目を向け、「日本」は民族文化的な相をもつものではないと位置づけられた。それゆえ、近代において、「日本」は国号であったが、国民的一体性をになうものとはならなかったのであった。（第八章）

「日本」の来歴は、以上のように概観することができる。わたしたちは、自分たちが何であるかということを、「日本」に托してきた、あるいは、托せないことになってしまったのであったと、あらためてふりかえられる。現在のわたしたちが「日本」について国民的合意をもっていないのは、こうして生きてきた「日本」の結果にほかならない。そうした歴史の全体がわたしたちの「日本」なのである。

補論　新出資料「祢軍墓誌」について

「日本」の来歴についていうべきことは、第八章まで（講談社現代新書『「日本」とは何か』〈二〇〇五年〉をもとに、若干の補訂を加えたもの）につくされる。ただ、新書刊行後、あらたな資料（祢軍《でいぐん》墓誌）が出現した。七世紀の「日本」の用例があらわれる、重要な資料であり、これについて補足しておかねばなるまい。

この新出資料は、わたしの説を補強してくれるものであった。そのこと自体は、ひとこと言えばおわる。しかし、この墓誌をめぐって、歴史研究者たちからなされてきた発言を見ると、基本的な認識において不正確なものがあったり、歴史感覚に対して首を傾げざるを得ないものがあったり、漢語としておかしいと思いこみだけでものを言うものがあったり、看過することができないと思うことがあり、問題をきちんと整理するためにあえて再説をもふくめて補足したい。

祢軍墓誌

1、祢軍墓誌の位置づけ

まず、さきに述べたことと重なるところがあるが、祢軍墓誌についての基本認識をあきらかにしたい。これに関しては、高麗大学校において二〇一三年一月八日におこなった報告「「日本」について」(予稿集『韓・日　文学歴史学の諸問題』)にまとめたので、以下、関連する部分を引用する。

*

二〇一一年に出現した祢軍墓誌は「日本」の語をふくむものでした。祢軍は百済人で、百済が滅亡した時、唐側についた将軍です。六七八年に亡くなったのですが、その墓誌(全文八八四字)には、「日本」が出てきます。大宝令以前の史料において、「日本」というたしかな例を見ることになったのです。これをもって、大宝令以前から、「日本」という国号がおこなわれていた証だという発言がなされました(吉林大学・王連龍等)。

しかし、墓誌の文章にそくしていえば、その「日本」は国を指すものではありえず、東夷のはての地をいうものにほかなりません。古代中国の世界像の問題としてそのことを明確にしておかねばなりません。

墓誌の文は、当該の部分をぬきだせば、以下のごとくです（顕慶五年〈六六〇年〉に唐が百済を平定したと述べたあとにつづくところです）。

于時日本餘噍拠□桑以逋誅風谷遺甿負盤桃而阻固

とあります。□は文字が欠けていますが、「扶（桑）」と認められます。厳格にきちんと対をなすもので、

日本　餘噍　拠扶桑　以逋誅
｜　　｜　　｜　　　｜
風谷　遺甿　負盤桃　而阻固

と、天象の「日」と「風」、「餘噍」と「遺甿」（噍・甿ともに人民をいいます）、植物の「扶桑」と「盤桃」とを並べ、最後の「逋誅」「阻固」はなお抵抗をつづけていることをいいます。「風谷」が国名でない以上、「日本」も国名ではないことはあきらかですが、東野治之「百済人祢軍墓誌の「日本」」（『図書』二〇一二年二月号）は、きわめて明快な理解を示してくれます。

東野は、「風谷」について、風の神が箕伯などとも呼ばれることをふまえ、箕子（箕伯）の居所、ひいては箕子朝鮮を指したものととらえるならば、「風谷遺

吪」は平壌に都した箕子朝鮮の末裔の謂いで、現実的な意味としては平壌を国都とした高句麗のことと見るべきだといいます。そして、「日本」も、中国から見て日の出るところ、すなわち極東を意味するものであって、ただちに日本列島を指すものではなく、ここに「日本餘噍」というのは「暗に滅ぼされた百済を言い、その残党の活動を述べたのである」と解きました。これにつきるといえます。

大事なことは、古代中国の世界像のなかに、東夷の極をいうものとしてあったということです。祢軍墓誌の「日本」は、そのたしかな用例としてあらわれたのです。国号「日本」をそこに見ることはできませんが、従来知られていた「日本」の用例の年代をさかのぼるものであり、「日本」の名の基盤を見るうえで、その意義はおおきいといわねばなりません。

祢軍墓誌にも「日本」と結びついてあらわれる「扶桑」の検討からすすめます（小著『「日本」とは何か』〈講談社現代新書〉に述べたこととかさなります）。「扶桑」は日の昇る木だとして、さまざまな文献に見られますが、そのもとは『山海経』（戦国時代、B.C.三世紀以前の成立か）や、『淮南子』（前漢、B.C.二世紀の成立）にあります。

『淮南子』の巻三「天文訓」には、

日は暘谷に出で、咸池に浴し、扶桑を拂ふ、是れを晨明と謂ふ。扶桑に登り、爰に始めて行かむとす、是れを朏明と謂ふ。（以下略）

とあります。「暘谷」（湯の谷）が日出の地であって、日は「扶桑」に登るのです。ただ、この「扶桑」は、「東方の野」と解されています。

『山海経』にはより詳しく、第九「海外東経」に、

下に湯谷有り。湯谷上に扶桑有り。十日の浴する所にして、黒歯の北に在り。水中に居て、大木有り。九日は下枝に居り、一日は上枝に居る。

とあります。「湯谷」は「暘谷」と同じで、湯の谷をいいます。十個の太陽（十個も太陽があったという話は『淮南子』にも見えます）の湯浴みするところであり、黒歯国の北にあって、そこに日の昇る「扶桑」という木があるというのです。同じことが、第十四「大荒東経」にも見えます。

谷有りて温源の谷と曰ふ。湯谷の上に扶木有り。一日まさに至れば、一日まさに出づ。皆、烏を載せたり。

かわるがわる出る十個の太陽には皆、烏を載せているというのです。なお、尭のとき、十の日が一度に出て、草木を焼き枯らしたので、弓の名人羿《げい》が、九日を射

たという話が『淮南子』巻八「本経訓」に見えます。

これらの記事は、類書『芸文類聚』などにも引かれてよく知られていました。古代中国の世界イメージといってよいものですが、そうした「暘谷（湯谷）」「扶桑」の定着は、六朝梁代までの詩文を収めた詞華集『文選』の諸作品にもうかがわれます。

たとえば、後漢代の張衡の「西京賦」に、上林苑の広大さを述べるなかに、昆明池について、

日月是において出入し、扶桑と濛汜とに象る。

といいます。日の出入りするほどの大きさだというのであり、「扶桑」、「濛汜」（日の入るところをいいます）がそこにあるかのようだというのです。李善のつけた注には、「池の広大を言うのであって、日月がその池の中に出入するというのである。淮南子に曰日出暘谷拂于扶桑とあり、楚辞にも出自陽谷入于濛汜というとおりだ」とあります。

また、同じ張衡の「東京賦」に、日の出を待つのを、「天光を扶桑に登ぐるを須つ」といいます。「扶桑」は『淮南子』がふまえられると李善は注していいます。さらに、世界の果てまで目を配ることを「左に暘谷を瞰、右に玄圃を睨る」

と述べます。「玄圃」は崑崙山上にある仙人の居所であって、あい対して、「暘谷」は、世界の東の果てを表現するものとなります。

それは、日にかかわる語「日域」「日下」などとともにありました。たとえば、「日域」は、六朝宋代の鮑照の「舞鶴賦」(『文選』)に、

蓬壺を指して翰を翻し、崑閬を望みて音を揚げ、日域を帀りて以て迴り騖せ、天歩を窮めて高く尋ね、神区を践むこと其れ既に遠く、霊祀を積みて方に多し。

とあります。「蓬壺」「崑閬」は仙山であり、「日域」「天歩」とともに(「日域・天歩、言ふこころは至りて遠きなり」という劉良の注がついています)、飛び翔る世界の広がりをいうものです。「神区を践むこと」云々は、一挙千里をもって飛翔し、年壽千年をこえると、鶴を称えるのです。

その「日域」が「扶桑」と結びつくことになるのは当然ともいえます。初唐、盧照鄰の「病梨樹の賦」(六七三年)に次のようにあります。

天象は平らかに運り、方祇は広く植つ。芳桂は月輪に挺んで、扶桑は日域に横たはる。

「天象」・「芳桂」・「月輪」と「方祇」(地)・「扶桑」・「日域」とが、天の側と地

の側とを対置して対をなします。天の運行は順調で、そのもとに地は広がる、桂は月のなかにそびえ、扶桑の木は日域に大きく広がる、というのです。「日域」は、「扶桑」の地として、『淮南子』『山海経』の世界像と結びついて意味をもつのでした。

こうして見てくると、古代中国の世界像において、東夷の世界、東の果ての日出の地をいうところに、「日域」「日下」等とならんで「日本」がありえたと考えられます。「本」は元来、木の根本をいうものですから、「扶桑」とかかわらせて、「太陽は扶桑に出づ。則ち、この地自づから日下たり。故に名づけて日本と曰ふ」と一条兼良『日本書紀纂疏』（十五世紀半ばの成立）が解したとおり、「日本」は日の昇る木・扶桑のもとにある地をいうと解されるのです。

しかし、七世紀以前の中国におけるたしかな用例をあげることができないでいました。前掲『「日本」とは何か』では、

それが元来中国において生まれたということについては、確かな例はあげられないが、可能性があるということを見た。

そして、見なければならないのは、そうした可能性の基盤である。中国の世界像において、「日本」を生むような基盤（あるいは、許容するような基

盤）があることを見るべきだということである。

と述べるにとどまらざるをえませんでした。

予期したとおり、七世紀以前のたしかな例を祢軍墓誌に得ることができました。「日本」について、ことは、より明確になったということができます。

＊

基本的にはこれで十分であろう。『「日本」とは何か』を引いて述べたとおり（参照、本書七六〜七七ページ）、この墓誌によって、「可能性」といったことの実例が得られたのである。この墓誌の「日本」の意義はそれにつきる。（なお、文中に引用した東野の論は、『史料学探訪』〈岩波書店、二〇一五年〉に収められた。）

ただ、なお加えたい。承平度の日本書紀講書における発言に、「師説。日本の号、晋の恵帝の時に見ゆといへども、義理明らかならず」とある。この講書に列座した参議紀淑光が、「倭国を号けて日本と云ふ。其の意如何。又、何れの代より始めて此の号有しか」と問うたのに対する博士矢田部公望の言である（『日本書紀私記』丁本）。晋の恵帝は二九〇〜三〇六年の在位。これを信じれば、極めてはやい段階の「日本」の例ということになる。いったい公望は何によってこういったのか、その典拠はまだもとめえていない。ただ、公望が「見ゆ」というのだから、簡単に否定することもできない。『「日本」とは何か』では、その例が何かにあったかも知れないというにとどまったが、その確度が墓誌によってたかくなったということができる。

2、「日本」を国号としてとらえることへの批判

つぎにいいたいことは、国号として「日本」を論議することのなかにある不明確さである。不明確さというのは、「日本」について考えるときに、それが王朝名であったことが認識される必要があるのにそうしていない場合があるということである。王朝名としての「日本」ということを明快に主張しているのは、吉田孝である。それは正当に受けとめるべきだが、このことをきちんとふまえていないのではないかと思われる論議が横行しているのである。

吉田は、『日本の誕生』（岩波新書、一九九七年）においてこういう。

> まず確認しておかなければならないことは、大宝の遣唐使以来、現在にいたるまで、対外的に国号として機能してきた「日本」とは、本来は、「日の御子の治《し》らす日の出の国」として、ヤマトの王朝の名であったことである。

このことはすでに、江戸時代、本居宣長がするどく指摘していた。宣長は『古事記伝』のはじめに、「書紀の論《あげつら》ひ」と題して「日本書紀」を批判し、まずその書名からして納得できないことを述べている。すなわち、『日本書紀』は中国の正史にならってつくられたものだが、中国では王朝交替があるから『漢書』『晋書』などと名づけなければならないのであって、皇国は永遠に「天つ日継《あまひつぎ》」(天皇)が続くのだから、「日本書紀」とすべきでないと非難するのである。

「日の御子の治らす日の出の国」というのは正しくない――これについては、本書第六章2に述べたとおりである――が、「日本」を王朝名として見るべきだということは、正鵠を射ている。

右の「日本書紀」の書名をめぐる吉田の言を補足・敷衍しておくと、宣長は、直接に「日本」を王朝名だといっているわけではない。宣長はこういう。

こは漢の国史の、漢書晋書などいふ名に傚《ならひ》て、御国の号を標《あげ》られたるなれども、漢国は代々に国号のかはる故に、其代の号もて名づけざれば、分り難ければこそあれ、皇国は、天地の共遠長《むたとほなが》く天津日嗣続坐て、かはらせ賜ふことし無ければ、其と分て云べきにあらず、かゝることに国号をあぐるは、並ぶところある時のわざなるに、是は何に対《むか》ひたる名ぞや、たゞ漢国に対へられたりと見えて、彼に辺《へ》つらへる題号なりかし、

『漢書』などが王朝名をあげて正史の名とするのにならった（へつらった）のが『日本書紀』だという。正史の書名としてみれば、『漢書』の「漢」などとおなじく、「日本」は王朝名とうけとるのが当然である。その当然の理解にたって、宣長は述べたのである。

そして、宣長は、そのように「日本」をかかげる書名「日本書紀」は、王朝交代がありうるかのようであり、「皇国」にはあるべからざることだとして否定したのであった。「天地の共遠長く天津日嗣続坐て、かはらせ賜ふことし無ければ」、「日本」を冠するべきではないという文脈にそれはあきらかだ。

たちもどって、「日本書紀」にそくしていえば、それは王朝名としての「日本」ということを前提とした書名というべきなのである。書名として、「書紀」というのが異例であることは指摘されるとおりだが（神田喜一郎「『日本書紀』という書名」日本古典文学大系『日本書紀』下　月報、一九六五年）、『令集解』の引用に見るごと

く、奈良時代から「日本書紀」と呼んでいたことは間違いない。それにしても、正史として編纂するものが、『漢書』などの書名の原則を知らないはずがない。

大宝令の定めた「日本天皇」という対外的な君主の称にしても、王朝名＋君主号だと理解される。公式令詔書式は天皇の発する詔書の書式の規定であり、天皇を標示する形式がそこに定められている。

本書二三ページに述べたように、大宝令は、以下のように全文を再建することができる。

御宇日本天皇詔旨。
御宇天皇詔旨。
御大八洲天皇詔旨。
天皇詔旨。
詔書。　云々。　聞宣。

「古記」によれば、はじめのは対外的に用い、次の二つは大事について、最後の二つは小事について用いるのだという。この令文において、「御宇」「御大八洲」が等価であることはあきらかだ。統治する領域を「宇」「大八洲」と表現するのである。「大八洲」は、国生みの神話によって保障された国土をいうもの（『日本書紀』を引用している）。それに対して、「日本」は、「日本天皇」として、王朝名＋君主号のかたちで対外的に標示することで意味をもつ。

「日本」が王朝名であったことに立って見るべきだとあらためていおう。その王朝の名が「同時に、東アジア世界のなかの国の名ともなったのである」という吉田の発言が正当である。いきなり、国号「日本」というのは不正確だといわねばならない。王朝名という意識は、講書の論議にも認められる。「やまと」という名について、『釈日本紀』に引く「延喜開題記」（延喜度の講書の記録と見られる）に、「磐余彦天皇定天下。至大和国。王業始成。仍以成王業之地為国号。譬猶周成王於成周定王業仍国号周」と、「周」と類比していうことにもそれはあきらかであろう。しかし、「日本」をめぐる論議のなかに、そのことへの考慮がかならずしもないままなのである。たとえば小林敏男『日本国号の歴史』（吉川弘文館、二〇一〇年）などにもそれを強く感じる。

渤海の最初の国書の理解もまた、その点をわきまえてなされるべきである。

神亀四年（七二七）秋に到来した最初の渤海使の国書は、『続日本紀』神亀五年正

月甲寅条に収められる。その書き出しに、

> 武芸啓。山河異域。国土不同。延聴風猷。但増傾仰。伏惟大王。天朝受命。日本開基。奕葉重光。本枝百世。武芸忝当列国。濫惣諸蕃。復高麗之旧居。有扶余之遺俗。（中略）親仁結援。庶叶前経。通使聘隣。

とある（本書七一～七五ページ）。この国書については、石井正敏『日本渤海関係史の研究』（吉川弘文館、二〇〇一年）にくわしく解かれるが、「日本」については、かならずしも明快ではない。石井は、唐から冊封をうけたものとして対等の関係の立場でなされた国書といい、「伏惟大王。天朝受命。日本開基」を、「伏して惟んみるに大王、天朝に命を受け、日本に基を開き」（大王は、中国の朝廷より命を承けられて、日本の国に王朝の基を開かれ）と解するが、それでよいのであろうか。

石井の解釈では、「受命」―「開基」が明確に説明されえないのではないか。「開基」は、王朝をひらく意と見るべきである。それは、『漢書』巻三十六「及至周文。開基西郊。師古曰。言文王始受命作周也。」、同巻七十四「近観漢相。高祖開基。蕭曹為冠。師古曰。名位在衆臣之上。」、『後漢書』巻百十上「天命有聖。託之大漢。大漢開基。

高祖有勲。斬白蛇。屯黒雲。」(杜篤「論都賦」。『芸文類聚』にも)等、用例にてらしてあきらかであろう。「受命」—「開基」のつながりは、天命を受けて開基すると解するのが自然であろう。

しかも、六世紀以後、列島の国家は中国王朝の冊封をうけてこなかったのである。そのうえに立って見るとき、新日本古典文学大系『続日本紀』が、「大王天朝命を受けて」とし、「大王天朝」は「天皇の朝廷」と解したのが妥当であろう。大王は天命をうけて日本王朝をひらいた、の意とうけとられる。石井の、「中国の朝廷より命を承けられて」という解釈にはしたがいがたい。

「実際には日本は冊封を受けていないが、武芸はそのように(冊封を受けていると——神野志注)理解しているのである」(石井)とは不用意にすぎはしないか。

「大王。天朝受命。日本開基。奕葉重光。本枝百世。」と「武芸……復高麗之旧居。有扶余之遺俗。」と、「日本」の「大王」に対してみずからを対置する文脈——ちなみに石井がこれを「対句」というのは漢文理解としてただしいとはいえない——は、自他の歴史を確認する意味をもつ。「日本」の地における王朝ということ、ないし、「日本」という王朝名をもって(このように「ないし」をもっていうことについては、参照、本書七四～七五ページ)相手の歴史を述べつつ、みずからも高句麗の旧地を回復したので、誼を通じたいというのである。「庶叶前経。通使聘隣」という、「前経」の意味が問題となるが、高句麗の先例の意でなく「古典・史書の意味であること」は、石井のいうとおりかと思われる。

なお、『続日本紀』に載る渤海国書はこれだけではない。そのなかで「日本照臨聖天皇朝」（天平勝宝五年五月）、「在於日本照臨八方聖明皇帝」（天平宝字三年正月）とあるものが注意される。「照臨」は天子の統治をいう。天平宝字三年の例であきらかなように、「日本」にあって照臨するのであるから、「日本」は場所である。王朝のひらかれた地であり、王朝の名となるものなのである。まさに、「周」とおなじなのである。

3、東アジア世界において見ることの歴史感覚

さきに石井に対して不用意といったが、実際には冊封を受けていないのに受けていると理解した国書であるという（石井説）なら、「日本」側がそうした国書を受理し、『続日本紀』に載せたりしたことはどうなるか。中国王朝の統括する東アジアの世界秩序のなかにある国際関係についての歴史感覚としていかがなものか。

鈴木靖民「東アジア世界史と東部ユーラシア世界史――梁の国際関係・国際秩序・国際意識を中心に――」(『専修大学東アジア世界史研究センター年報』6、二〇一二年三月)にもおなじ批判が必要だ。

鈴木は、七世紀後半の国際情勢の激変のなかで、

倭の王権は自国意識に目覚め、外から与えられた在来の国号というべき倭国を改めて、日のもと、日の辺りという意味ですでに国際的な嘉号と認められるような日本を、外交に当たって採用することにふみ切ったのではあるまいか。

という。祢軍墓誌は「国際的な嘉号と認められるような日本」があったことを示すというのである。それを大宝令で法制化して、「正式に」「本格的に」用いたのが大宝の「遣唐使の時からであろう」という。

しかし、いうところは、根拠のない、「あるまいか」「であろう」という願望的推測にすぎない。そもそも「国際的な嘉号」という理解からして、なににもとづくのか。「日本」が、中国王朝を中心とした世界秩序においてとらえられていないのである。さきに述べたごとく、「日本」は、中華的世界秩序において東夷の極として意味をも

つものとしてあった。それが東アジアにおける「日本」の意味である。「国際的な嘉号」などというずれた理解は、「国際関係・国際秩序・国際意識」を論じる歴史感覚に欠けたものといわねばならない。

いったい、「外交に当たって採用する」というが、それはどうありえたのか。採用というのは使用とおなじだとすれば、みずからの決定だけで用いえたであろうか。鈴木は「670年代、日本、天皇のどちらもセットとして外交文書に使われ始めたと考えられ、祢軍墓誌の678年頃の年代とも符合するのである」というが、冊封を受けた、受けないにかかわらず、中国王朝を中心とする東アジアの世界秩序において、朝貢国として、「倭」として認められ、位置をあたえられていたものが、勝手に、べつにそうした国号を用いることができたであろうか。

まず新羅に対して用いたというのであるが、『三国史記』文武王咸亨元年に、倭国を改めて日本国と号したという記事は、『新唐書』によったものである。しかし、『新唐書』は、咸亨元年（六七〇）に「日本」とあらためたというのではない。「咸亨元年、遣使賀平高麗。後稍習夏音、悪倭名、更号日本」とあり、「後に」中国語に習熟して倭を嫌い、日本に改めたというのであって、その時に改めたのでないことは明白だ。『三国史記』は信ずるに足りず、そもそも、中世文献である『三国史記』を根拠とすることはできない。小林前掲書が、「まず新羅に対して用いられたと考えるのが自然であろう」といい、『三国史記』孝昭王七年（六九八）条に「日本国」の使いとあることなどをふまえて、大宝令以前の「日本」を想定するのも無理がある。

ちなみに、小林が小著を批判的にとりあげていることについて一言する。小林は、「日本」を朝鮮との関係において定められたという説として、田村圓澄・高森明勅の論とともに小著をあげる。そして、「三者の見解は重要な指摘であるが、ただ日本国号が事実として対新羅に示すべく定められた、あるいはつくられたというように直截的に解釈してしまうと誤りになる」と批判してこういう。

神功皇后の新羅征討譚は、白村江敗戦後の東アジア世界の中で対新羅との関係性を過去にさかのぼらせて理念的に物語化したものであって、その際、「日本」「天皇」「神国」「神兵」の呼称が新たに新羅を「蕃国」「朝貢国」「服属国」と位置づけるものとしてセットされたのである。

わたしは、『「日本」とは何か』において、

『日本書紀』は、「日本」を朝鮮との関係にあるものとして意味づけるが、朝鮮に対する大国的関係を歴史的に確認するかたちで、「日本」の価値を確立するということができる。（略）『日本書紀』は、歴史を述べるなかでそうした「日本」をつくり上げるのである。

と述べ、また、見るべきなのは「『日本書紀』が、朝鮮との帝国的関係をになうものとして「日本」を意味づけ、「日本」の内実」をつくったことだと述べた（本書第二章1）。さきの高麗大学校での報告でもつぎのように述べた。

『日本書紀』のつくる「歴史」は、中国にも受け入れられてある「日本」を、「日本」という漢語の元来意味するところを離れて、朝鮮に対する大国的関係をになうものとしてあったことを確認しようとします。大宝令による「日本」という設定は、この『日本書紀』のつくる「日本」によって内実をあたえられます。それによって「日本」がまさしく成立したということができます。むろん、中国王朝が、「日本」を承認したからといって、朝鮮に対する大国的地位を現実に承認したということではありません。それはあくまで日本側の立場（イデオロギーというほうがふさわしいものです）の問題です。

小林が「日本国号が事実として対新羅に示すべく定められた、あるいはつくられたというように直截的に解釈してしまうと誤りになる」という批判は小著にはあたらないし、小林のいうところは、むしろわたしの説を先蹤とするのであって、プライオリティの尊重に悖る。

歴史感覚といったが、朝貢国が名を変更することは、世界秩序の問題であったということを見ないのはその感覚の欠如にひとしい。

4、用例を見る立場

はじめにふれたように、祢軍墓誌の出現によって、ようやく七世紀以前の「日本」の確実な用例が得られた。ただ、この語について、漢語として疑うかのような発言があったことにふれておく。

井上亘『偽りの日本古代史』（同成社、二〇一四年）はこういうのである。

そもそも「日本」という語は奇妙ないい方であって、こんないい方は中国の古典籍にも例がないし、当時の中国人が聞いて、その意味がわかったかどうか、はなはだ疑わしい。「日ノ本」という語の構成上、問題は「本」であるが、いま『故訓彙纂』（商務印書館）を紐解いてみると、一〇三もの訓詁が列挙されている。しかし一つ一つみてゆくと、それらは全て「木下也」とか「根也」という原義から派生したものと認められる。そこでこれは「扶桑」のことだと言う人もいるが、ならば「扶桑」を名のればよいだろう。わざわざ意味のわからないいい方をする必要はない。

一体、「日本」という語は「ひのもと」（史料14）という日本語以外に着想されうるものなのであろうか。これはどう見ても、当て字としか考えられないのである。

＊史料14は、『万葉集』巻三・三一九歌、「詠不盡山歌一首并短歌」。この歌に「日本之山跡国乃」（ひのもとのやまとのくにの）とある。（引用者注）

『故訓彙纂』とあるのは『故訓匯纂』（商務印書館、二〇〇三年）のことだが、そこに掲げる訓詁を吟味したところで用例の否定にはならないし、「奇妙」は主観にすぎず、他に例がないことは根拠になりえない。

祢軍の墓誌に用いた例があるとき、それはうごかない用例となる。墓誌という作文の場は、練りに練った文章をもってしなければならないものであった。他にない語をもって書かれたことがあったとして、その用例の希少性ゆえにうたがうのは本末転倒であろう。

また、後代の例でいえば、『文苑英華』『全唐詩』に列島の国家をさすのではないことがあきらかな例がある――しかも、「日本」という列島の王朝・国家の称と共存して――ことは、小川昭一「唐代の日本という称呼について」(『中哲文学会報』1、一九七四年)があきらかにしたとおりである。それらとともに、祢軍墓誌を得て、東夷の極をいうものとしての漢語「日本」を認め、「日本」の由来をそこにもとめるべきである。

あとがき

本書は、講談社現代新書『「日本」とは何か』（二〇〇五年）に補訂をくわえ、新出資料「祢軍墓誌」についての補論を付したものである。

七世紀の一次史料としてきわめて大きな意味をもつ「祢軍墓誌」の出現によって、さいわいに、わたしは新書に述べたことを補強することができた。これについて、「「日本」の由来について」（『文化継承学論集』一〇、明治大学大学院文学研究科、二〇一四年三月）を発表したが、若干の修訂をほどこして補論とした。

旧著に補論を添えることによって、元来の主題を全うするかたちで本書を刊行することができた。最良のかたちで旧著を再生する機会を得たことに感謝したい。

二〇一六年二月

神野志隆光

KODANSHA

本書の原本『「日本」とは何か』は、二〇〇五年、小社より刊行されました。今回、文庫化にあたり、加筆して補訂し、新たに補論を収載しました。

神野志隆光（こうのし　たかみつ）

1946年生まれ。東京大学大学院総合文化研究科・教養学部教授，明治大学特任教授を経て，現在，東京大学名誉教授。専攻は，日本古代文学。主な著書に，『古事記の達成』『古事記と日本書紀』『複数の「古代」』『変奏される日本書紀』『本居宣長『古事記伝』を読む』『万葉集をどう読むか』など多数。

講談社学術文庫

定価はカバーに表示してあります。

「日本《にほん》」　国号《こくごう》の由来《ゆらい》と歴史《れきし》

神野志隆光《こうのしたかみつ》

2016年10月11日　第1刷発行
2025年4月3日　第3刷発行

発行者　篠木和久
発行所　株式会社講談社
東京都文京区音羽2-12-21 〒112-8001
電話　編集（03）5395-3512
販売（03）5395-5817
業務（03）5395-3615

装　幀　蟹江征治
印　刷　大日本印刷株式会社
製　本　株式会社国宝社
本文データ制作　講談社デジタル製作

ISBN978-4-06-292392-7

「講談社学術文庫」の刊行に当たって

これは、学術をポケットに入れることをモットーとして生まれた文庫である。学術は少年の心を養い、成年の心を満たす。その学術がポケットにはいる形で、万人のものになることは、生涯教育をうたう現代の理想である。

こうした考え方は、学術を巨大な城のように見る世間の常識に反するかもしれない。また、一部の人たちからは、学術の権威をおとすものと非難されるかもしれない。しかし、それはいずれも学術の新しい在り方を解しないものといわざるをえない。

学術は、まず魔術への挑戦から始まった。やがて、いわゆる常識をつぎつぎに改めていった。学術の権威は、幾百年、幾千年にわたる、苦しい戦いの成果である。こうしてきずきあげられた城が、一見して近づきがたいものにうつるのは、そのためである。しかし、学術の権威を、その形の上だけで判断してはならない。その生成のあとをかえりみれば、その根は常に人々の生活の中にあった。学術が大きな力たりうるのはそのためであって、生活をはなれた学術は、どこにもない。

開かれた社会といわれる現代にとって、これはまったく自明である。生活と学術との間に、もし距離があるとすれば、何をおいてもこれを埋めねばならない。もしこの距離が形の上の迷信からきているとすれば、その迷信をうち破らねばならぬ。

学術文庫は、内外の迷信を打破し、学術のために新しい天地をひらく意図をもって生まれた。文庫という小さい形と、学術という壮大な城とが、完全に両立するためには、なおいくらかの時を必要とするであろう。しかし、学術をポケットにした社会が、人間の生活にとってより豊かな社会であることは、たしかである。そうした社会の実現のために、文庫の世界に新しいジャンルを加えることができれば幸いである。

一九七六年六月

野間省一

文学・芸術

《講談社学術文庫　既刊より》

文学・芸術

894
フランス絵画史
ルネッサンスから世紀末まで
高階《たかしな》 秀爾《しゅうじ》著

十六世紀から十九世紀末に至る四百年間は、フランス精神が絵画の上に最も美しく花開いた時代である。美の様式を模索する芸術家群像とその忘れ難い傑作の系譜を、流麗な文章で辿る本格的通史。文庫オリジナル。

930
怪談・奇談
小泉八雲著／平川祐弘《ひらかわすけひろ》編

一八九〇年に来日以来、日本と日本の文化を深く愛し続けた小泉八雲。本書は、彼の作として知られている「耳なし芳一」「轆轤首」「雪女」等の怪談・奇談四十二篇を新訳で収録。さらに資料として原拠三十篇を翻刻した。

938
日本の心
小泉八雲著／平川祐弘編

障子に映る木影、小さな虫、神仏に通じる参道――名もない庶民の生活の中に、八雲は「無」や「空」の豊かな美しさを見た。異国の詩人が見事に描いた古き良き日本。八雲文学の中心に位置する名編。

943
明治日本の面影
小泉八雲著／平川祐弘編

美しい風土、様々な人との出会い。八雲は日本各地を旅し、激しい近代化の波の中で失われつつある明治日本の気骨と抒情を、愛惜の念をこめてエッセーに綴った。懐かしい明治日本によせた八雲の真情を読む。

948
神々の国の首都
小泉八雲著／平川祐弘編

出雲の松江という「神々の国の首都」での見聞を八雲は新鮮な驚きにみちた眼で把えた。明治二十年代の一地方都市とその周辺の風物、人々の姿を鮮やかに描いた名著。みずみずしい感動に溢れた八雲の日本印象記。

949
モーツァルト
吉田秀和著（解説・川村二郎）

わが国の音楽批評の先導者・吉田秀和の出発点にはベートーヴェンでもバッハでもなくモーツァルトの音楽があった。楽曲の細部に即して語りつつ稀有の天才の全体像を構築した、陰影に富むモーツァルト論集。

1991
バッハ＝魂のエヴァンゲリスト
礒山　雅著

なぜ、心にこれほど深い慰めをもたらすのか。人生への力強い肯定を語るのか。三百年の時を超えて人々の魂に福音を与え続ける楽聖の生涯をたどり、その音楽の本質と魅力を解き明かした名著、待望の改訂新版！

電P

2018
漢文法基礎　本当にわかる漢文入門
二畳庵主人・加地伸行著

訓読のコツとは。助字の「語感」をどう読み取り、文章の「骨格」をいかに発見するか。一九七〇年代より版を重ねながら受験生を支え続けてきた名著を修補改訂。中国古典を最高の友人にしたい人に贈る本格派入門書。

電

2041
楽しき熱帯
奥本大三郎著（解説・福岡伸一）

ギリシア神話の神々の名を冠した蝶が飛び交い、獰猛な肉食魚ピラーニャが蠢く緑の魔境アマゾンで、見た、採った、釣った、飲んだ、考えた！　虫好き仏文学者ならではの、軽妙にして奥深い名紀行。

電P

2070
寺山修司全歌集
寺山修司著（解説・塚本邦雄／穂村　弘）

短歌、俳句、詩、エッセイ、評論、演劇……。芸術のジャンルを軽々と飛び越えた鬼才。五七五七七の短歌の黄金律を、泥臭く、汗臭く、そして血腥い呪文へと変貌させる圧倒的な言語魔術に酔いしれる。

電P

2072
風姿花伝　全訳注
市村　宏全訳注

「幽玄」「物学（物真似）」「花」など、能楽の神髄を語り、美を理論化した日本文化史における不朽の能楽書を、精緻な校訂を施した原文、詳細な語釈と平易な現代語訳で読解。世阿弥能楽論の逸品『花鏡』を併録。

電P

2096
芭蕉全発句
山本健吉著（解説・尾形　仂）

俳諧を文学の高みへと昇華させた「俳聖」松尾芭蕉。その全発句九七三句に詳細な評釈を施し、巻末に三句索引と季語索引を付す。研究と実作の双方を見すえ、学者と表現者の感受性が結晶した珠玉の芭蕉全句集。

電P

文学・芸術

2107
日本美術全史
世界から見た名作の系譜
田中英道著

将軍万福、国中連公麻呂、定朝、運慶、雪舟、尾形光琳、池大雅、北斎、広重、鉄舟、藤田嗣治……。縄文から現代まで、「普遍的価値」がある国際的名品を厳選し、日本美術史を再構築する。図版五〇〇点超を収録。

電P

2135
茶経 全訳注
布目潮渢訳注

中国唐代、「茶聖」陸羽によって著された世界最古の茶書。茶の起源、製茶法から煮たて方や飲み方など、茶のあらゆる知識を科学的に網羅する「茶の百科全書」を豊富な図版を添えて読む、喫茶愛好家必携の一冊。

電P

2190
古事記とはなにか
天皇の世界の物語
神野志隆光著

黄泉国は決して「死」をめぐる神話ではない。高天原は古事記にあって日本書紀にはない。記紀を同列に見る俗説を排し、天皇の世界たる「天下」を語る物語として、古事記の厳密な読みを提示した画期的力作。

電P

2217
醒睡笑 全訳注
安楽庵策伝著／宮尾與男訳注

うつけ・文字知顔・堕落僧・上戸・うそつきなど、庶民がつくる豊かな笑いの世界。のちの落語、近世笑話集や小咄集に大きな影響を与えた。慶安元年版三百十一話に、現代語訳、語注、鑑賞等を付した初めての書。

電P

2220
日本書紀の世界
山田英雄著（解説・山田貞雄）

なぜ「日本書」でも「日本紀」でもなく「書紀」なのか――。あるいは、編纂者は誰か、元にした史書は何かなど成立の問題から、各巻の内容の的確な紹介まで、学術的でありながら平易に叙述した最良の入門書。

電P

2242
神曲 地獄篇
ダンテ・アリギエリ著／原 基晶訳

ウェルギリウスに導かれて巡る九層構造の地獄。地獄では生前に悪をなした教皇、聖職者、作者の政敵が、神による過酷な制裁を受けていた。原典に忠実で読みやすい新訳に、最新研究に基づく丁寧な解説を付す。

電P